初期費用ゼロで始める定年プチ起業

一生稼ぎ続ける賢いやり方

田口智隆
Tomotaka Taguchi

水王舎

禿げ頭の向こう側には
若者が想像しているよりも
多くの至福がある

ローガン・バーサル・スミス（アメリカの随筆家）

あなたは何歳まで働くつもりですか？
65歳？　70歳？
それとも75歳？
定年起業
今勤めている会社で、
あなたはその齢になるまで
働くことができるでしょうか？

そもそも、そんな齢になるまで、
誰かに雇われて働きたいですか？

私は、からだと頭が許すかぎり、

「人は一生働くことができる」

と信じています。

でも、誰かに雇われてまで働くのは
ゴメンです。

50代を過ぎたら
第2の人生を準備しましょう。

第2の人生では、
自分が自分のボスになる。
それが「定年起業」です。

老後を豊かに暮らすのに
何が必要でしょうか？

貯金は老人の友と言います。
あれば越したことはないでしょう。

投資？
若いうちならいいでしょうが、
退職金をつぎ込むのはリスクが大きすぎます。

貯蓄がある人もない人も、
退職金が多い人も少ない人も、
誰でもローリスクで始められるのが
「定年起業」です。

結局、働くことで
毎月収入を得るのが
一番のセーフティネットです。
それも、自分の得意なことや
好きなことで。

はじめに

あなたは何歳まで働きますか？

タイトルに「定年」とあるので、この本を手に取った方は、40代、50代、60代の方がほとんどでしょう（もちろん30代以下の方も70代以上の方も大歓迎ですが）。

子育てや住宅ローンの支払いが一段落した世代の関心は、いかにして第2の人生を過ごすかです。人生100年時代と言われ、現在60歳の人の4人に1人は95歳まで生きると言われています。50歳の声を聞いても、まだ人生の折り返し地点を過ぎたばかりなのです。

60歳から先を老後と呼ぶのは、もはや実情に合わないでしょう。75歳以上を高齢者と定義しようという意見もあるぐらいですから、**75歳までを現役の期間として人生をリ**

セットする必要があります。40代～50代は、その準備期間といってもよいでしょう。

とはいえ、いくらなんでもその年齢まで会社に雇用されて働くというのは、現実的ではないし、面白くもありません。

本書で提案するのは、50代後半から60代前半に、それまでの仕事のキャリアや趣味の経験を活かして、**自分が主人公になって起業しよう**と提案するものです。

起業とはいっても、そんなに大それたものではありません。65歳から受給する年金に月額で10万円ぐらいを上乗せするようなものをイメージしてください。

では、実際に定年プチ起業をスタートさせている人たちは、どんなふうなビジネスをしているのか見てみましょう。

ケース① ライター養成講座を立ち上げたAさん

Aさんは長い間、広告会社に勤務して55歳の時に早期退職者募集に手を挙げて退職しました。主にコピーライティングに携わる仕事をしてきたAさんは、中小零細企業や個人商店、医院などに的を絞って、チラシやDMなどのコピー作成を受注するようになりました。

「ひとり広告代理店ですね。〝プロが作るとさすがに反響が違う〟と言っていただき感謝されています」とAさんは語ってくれました。

さらにAさんは「SNSに特化したライター養成講座」を立ち上げました。

誰でもパソコンやスマホから情報を発信できる時代ですが、誰でも人が読んで感心するような文章を書けるわけではありません。

ネットで文章を書くということは、見ず知らずの人にも読まれる可能性があるわけで、文章を書き慣れていない人にとってはハードルの高い作業です。

ネット上でのライターの需要が旺盛なことから、お小遣い程度でもいいからライターとして稼ぎたいという人もたくさんいます。そうした人たちを集めてAさんはライター養成講座を始めました。

生徒さんは主婦や若い人が多いのですが、人の目を引きつけるキャッチコピーのつくり方や、短い文章で自分の思いを過不足なく伝える技術、人の心に響く文章を書くノウハウなどを教えています。

一人前に育った生徒さんには、Aさんが窓口になってライティングの仕事を斡旋しています。お弟子さんが増えるにつれて仕事の量も増えるようになりました。

Aさんはライター養成講座で受講料をもらうと同時に、仕事を紹介する手数料でも稼げるようになったのです。

成功の秘訣は、「クオリティの高さにある」とAさんは言います。専門的かつ実践的な講座なので生徒さんから信頼されるし、生徒さんが書いた記事がクオリティが高いことで、クライアントからも仕事がリピートされるからです。

現役時代に長年磨いてきたスキルを「定年起業」に活かした例です。月収20万円から25万円の間だそうです。

ケース② 営業マンへの個人コンサルタント業を立ち上げたBさん

Ｂさんは、生命保険会社で営業マンとして40年間勤め上げ、退職した現在は「営業マンへの個人コンサルタント」をしています。

コンサルタントとして定年起業した人は二通りのビジネスが考えられます。一つは、有名企業出身というバックボーンを活かして、どこかのコンサルタント派遣会社に属してＢｔｏＢで研修講師に呼ばれるというやり方です。その場合にはお客さまは企業です。もう一つは、企業に属している営業マンをマンツーマンで指導するというやり方です。Ｂさんは後者に当てはまります。

お客さんは生命保険や不動産会社の営業マンがほとんどだそうです。彼らは歩合制の〝売って何ぼ〟の世界に生きています。会社が用意したプログラムでは飽き足らず、身銭を切ってでもお客さんをつかまえてクロージングにまで持っていくスキルが欲しいのです。

Ｂさん自身も現役時代には身銭を切って営業スキル向上のための勉強をしていま

したので、彼らのニーズは細かいところまで理解できます。そこが強みでしょう。口コミでお客さんも増え、現在月収20万円を稼ぎ出しています。

ケース③ 得意の料理の腕を活かしてお料理教室を開いたCさん

Cさんは、「時短料理に特化したお料理教室」を開いて好評を得ています。Cさんは総合職のキャリアウーマンとしてバリバリ働いていたのですが、昔からお料理が好きなこともあって、家族のためにいかに時間を短縮して美味しいものを作れるか、熱心に研究してきました。

時短料理をインスタにアップするようになると大きな反響を呼び、何度か人に請われて教えたりもしていました。

50代半ばになり割と暇な部署に配置転換されたのをきっかけに、親しい人たちに呼びかけて副業として料理教室をささやかに始めることにしたのです。

一回4人程度の生徒さんに自宅のマンションで教えています。生徒さんたちは、自分の作った料理をインスタにアップするので、それを見た人が教室に通いたいと希望者が広がっていきました。副業の月収は8万円ぐらいだそうです。

■定年プチ起業は「初期費用ゼロ円・目標月収10万円」

いかがでしょうか？　定年プチ起業のイメージが掴めたでしょうか。

共通しているのは、

○「自分の得意なこと」「好きなこと」を武器にしているということ、

○口コミからお客さんを獲得して、その後にSNSで広がっていったこと、

○自分がその仕事をやると同時に「教える」こともマネタライズしていることです。

定年プチ起業は、初期費用ゼロ円で始めて、とりあえず月収10万円が目標です。いきなり高い金額を目標にしてしまうと、現実とのギャップにげんなりしてやめてしまうのがオチです。

考えても見てください。お給料が月に10万円もアップすることは、ありえないはずです。自分の年金にプラス10万円の収入があれば、生活がどんなふうに変わるか想像してみてください。

もちろん10万円以上稼ぐなと言っているのではありません。リスクはとらないし、大きく儲ける必要はないからプチ起業なのです。

いきなり60歳で定年を迎えて明日から起業しますというのは難しいので、40代、50代から準備しておきたいものです。

副業がOKな会社であれば、本業の隣にもう一本レールを走らせておくのがよいですし、副業NGの会社であっても、コミュニティ作りやお金を受け取らないでボランティア的に仕事を始めることができます。

定年を迎えて**いざ起業と言う時にはすでに顔のわかるお客さんがついている**というのが理想です。

老後の備えと言うと必ず投資の話になりますが、投資は誰でもできるわけではありません。

不動産の家賃収入や株の配当収入を受け取れる人は限られた人たちです。持っているキャッシュの額によってできる人とできない人が出てきます。退職金をたくさんもらえる人は投資という選択もアリで、私も否定はしません。

私が本書で提案する定年プチ起業は、**退職金があろうがなかろうが、貯金があろうがなかろうが、誰でも始められる**ところに特徴があります。

あなたは人生後半をどんなことをして過ごしたいですか？　自分自身をイメージしながら本書を読んでいただけると幸いです。

令和元年8月

田口智隆

初期費用ゼロで始める
定年プチ起業――目次

はじめに

〈第１章〉 定年起業を準備しよう

〈第2章〉定年起業の賢いやり方

〈第3章〉あなたにピッタリのビジネスがある

〈第4章〉
起業準備はコミュニティづくりから

〈第5章〉

定年起業、成功のポイント

〈第6章〉

大杉潤さんに聞く セカンドキャリアの上手なはじめ方

第1章

定年起業を準備しよう

なぜ定年起業なのか？

会社を定年退職して仕事から離れて悠々自適に暮らすというライフスタイルは、実は当たり前のことでも何でもなく、戦後の一時期の現象だと言えます。

私の祖父は大工として、体が動かなくなるまで現場に出ていましたし、祖母も亡くなる少し前まで農作業に精を出していました。

江戸時代には男も女も早く「隠居」するのを楽しみにしていたそうですが、ゆっくり休めるからではありません。家督を息子や嫁に譲って**隠居した後の方が、自由に経済活動を行う**ことができたからだそうです。

定年になったら仕事をしないというのは、戦後の標準ライフパターンとして定着しました。戦後の日本人の標準ライフパターンとは、**「終身雇用・年功序列賃金・たくさん**

の退職金・万全な年金支給」に裏打ちされたものでした。

途中に「結婚・子育て・住まいの購入」が組み込まれるのですが、これが、私たちの父や母の世代までの必勝パターンだったのです。どこにも綻びがなく、60歳を過ぎれば安心してリタイア生活に入ることができました。

しかし私たちは、親の世代の成功パターンをトレースするわけにはいきません。終身雇用も、年功序列賃金も、たくさんの退職金や万全な年金支給が用意されることもあきらめざるを得ないからです。

こればっかりは、自分の意思や努力でどうにかなることではありません。何よりも、昔に比べて平均寿命が驚異的に延びたので、60歳を過ぎたから引退という訳にはないのです。

私たち自身で、定年以降を豊かに過ごすための必勝パターンを考えなくてはなりません。そしてそれは、これだけ多様な働き方があり、生き方があるわけですから、かつてのような誰もがあてはまるようなパターンではなく、個々人の状況に即したものになるはずです。

私が本書で提案する定年プチ起業も、そうした**人生100年時代を充実して過ごすための選択肢**の一つだと受け取ってください。

定年してそこで仕事人生が終わるわけではありません。むしろそこから、**自分の得意なスキルを活かした人生の本番がスタート**するのです。

頭と体が動く限り、働いて毎月の収入を得ることができます。しかも他人から雇われるのではなく、自分が主人公になって自分のペースで働くのが定年プチ起業なのです。

ポイント

定年した後に本当の人生がスタートする

長い老後をどう過ごしますか？

——生涯現役

老後が長くなったことで、相対的に60代70代の人達も、自分が老人だという意識が薄く、若くて活動的な人が増えてきたような気がします。いったん会社はリタイアしたけれども、まだまだ現役感が残っています。

「高齢者の日常生活に関する意識調査」という内閣府の調査では、「自分が高齢者だと思う人が過半数になるのは〝75歳以上〟」という結果が出ています。この調査では65歳の段階で、自分が高齢者だと思っている人は25％に留まっています。

日本老年学会と日本老年医学会は、２０１７年に連名で、「高齢者に関する定義」についての提言を行いました。提言の主旨は、「現在、65歳であることが多い高齢者の定義が現状に合わなくなってきているので、75歳にしよう」というものです。

希望者を65歳まで雇用するよう義務づけた法律が施行されたのは2013年でしたが、安倍総理は「70歳までの就業機会の確保に向けた法改正を目指す」としています。少し前までは55歳定年が主流だったのですから、15年も働く期間が延びるわけです。

70歳まで雇用されてお給料がもらえるのだとしたら、現役時代の半分以下の収入だったとしても、使えるお金も増えてきますし、貯金もなるべく使わないで後ろに回すことができます。また、収入があることで年金の支給時期を遅らせることができれば、支給額も相当アップするはずです。

では、**あなたは今勤めている会社に70歳までいたいと思いますか？**

2018年に内閣府が調査した資料によれば、「何歳まで仕事をしたいか？」という問いに対して、次のような答えが出てきています。

60歳以下　25・7％
61歳～65歳　30・7％
66歳～70歳　21・5％
71歳以上　16・1％

大半の人が65歳からは仕事をしたくないと答えているのです。

私はこの回答は、「人に雇用されるのか、自分自身の仕事をするのか」で、ずいぶん変わってくると思います。

私は「人間には定年なんてない、何歳までだって意欲があれば働ける」と考えていますが、少なくとも70歳まで雇用されて（人に使われて）働くのは御免蒙ります。

60歳を超えたら自分の働き方は自分で決められるフリーハンドを保ちたいものです。「働きたかったら働く、働きたくなかったら働かない」のが一番です。自分の意思とは関係なく「働かざるを得ない」とか「働けない」状況になるのは避けたいものです。

ポイント

自分の意思で働けるのが一番

年金だけでは老後が危うい
――セーフティネット

「人生100年時代」という言葉をよく目にするようになりました。

平均寿命が延び、現在60歳の人の4人に1人は95歳まで生きるそうです。昔は70歳を「喜寿」と呼んで長生きをお祝いしたわけですが、今はそこから30年待たないと「お迎え」が来ない人が大勢いるというわけです。

「老後の長期化」が進むことで、様々な問題が露呈してきています。ほとんどの問題は**「健康寿命」と「資産寿命」をいかに延ばすか**に集約されます。

本書で主題として取り上げるのは、老後のお金の問題、すなわち「資産寿命」を延ばすための解決策です。

2019年6月に金融庁が「老後に必要な蓄えは2000万円」と発表し、大きな話題となりました。

これまでにも、年金だけでは生活がやり繰りできないという事実は、様々なところで議論されていたので、私自身はショックを受けることはありませんでした。

退職後の夫婦二人世帯の月間の平均支出が約26万円で、平均収入が21万円で、収入の大半は年金なわけですから、1か月あたり、現在の高齢者夫婦世帯でも5万円ショートしており（年間で60万円のショート）、多くの世帯ではそれを貯蓄や退職金でまかなっているのです。

2000万円という数字は、定年退職後から死ぬまでの期間を30年と見れば、だいたい計算が合っています。

年金制度自体は国が言うように100年持つかどうかは別としても簡単に破たんするものではないでしょう。

所得代替率（65歳で年金受給を始めるモデル世帯――40年間働いた会社員と専業主婦――の厚生年金が、その時の現役世代の平均収入の何％になるかを示したもの）はおそらく50％前後で推移していき、中長期的には実質的に低下し、**公的年金だけでは満足な生活水準に届かなくなる**のは、目に見えています。

むしろ感慨深かったのは、政府自身が、これまでの日本人の標準ライフパターン「終身雇用・年功序列賃金・たくさんの退職金・万全な年金支給」に別れを告げたことです。

金融庁が「高齢社会における資産形成・管理」という報告書で**資産形成や運用などの自助に取り組む必要性を国民に訴えた**のは、この必勝パターンがもはや絵に描いた餅に過ぎないことを国も認めたことに他なりません。

ポイント

年金プラスアルファを確保する

年金制度「100年安心」なのは制度だけ

年金だけで暮らせたらいいですよね。

でも国は年金だけでは不足しますよと警告を出しました。実際のところ、年金はいくらぐらいもらえるのでしょうか。

左記は、厚生労働省による「平成29年度厚生年金保険・国民年金事業の概況」から拾った平均の数字です。

国民年金　単身　5万5615円
　　　　　夫婦　11万1230円
厚生年金　単身（男性）　16万6668円
　　　　　単身（女性）　10万3026円

夫婦　　　　22万2283円
共働き　　　26万9694円

これが平成29年度の数字です。国民年金加入者は悲惨です。とても年金だけで暮らすのは無理です。共働きで厚生年金に40年以上加入していれば、老後は何とかなりそうな気がします。

しかし、国はすでに年金水準について「中長期的に実質的に低下していく」とアナウンスしています。所得代替率で見ると、2014年の62・7%から2043年には50%まで下がると言われていますから、約30年で2割減と見ていいでしょう。

現役世代が年金世代の年金原資を負担する制度である限り、今後少子化がますます進むわけですから、年金受給額の長期減少の傾向は認めざるを得ないでしょう。

ちなみに政府は小泉政権時代に、「100年安心」というキャッチフレーズで年金制度は安心ですよと訴えました。

誤解している人が多いのですが、これは年金制度自体が100年持続できるように仕組みを整えたのであって、私たちが100歳まで生きても年金だけで大丈夫と保証したものではありません。

この仕組みは、保険料収入や積立金などの財源と年金給付がつり合い、向こう100年間の年金財政の安定が見込めるまで、5年に一度見直して、〝支給水準を下げていく〟ものです。つまり、**制度を維持するために支給額を減らしていきますよ**というのが、「100年安心」の中味なのです。

ポイント

年金制度は続く。でも支給額は減っていく

老後に必要なのは投資なのか？

私が金融庁の報告書で首を傾げたのは、資産寿命を延ばす自助努力の中味が、「金融商品への投資」に限られていたことです。

金融庁では、今は選択肢が少ない長期・分散・積立投資向けの金融商品の開発を金融機関に促していますが、はたして、金融商品の運用だけが資産寿命を延ばす方策なのでしょうか？　金融庁の発表だけに、**年金不安を煽って国民に金融商品を買わせるためのアナウンスなのではないか**と疑ってしまいます。

私も金融商品に否定的なわけではありません。賢くやるならば、安心した老後を迎えられることでしょう。私も他の本で、充実したシルバーライフのために積立て型の投資信託をなるべく早く始めることを勧めています。貯金ではなく積立て投信にすることで、複利で回してお金を増やすことができます。
以下が、**「30年で2000万円貯めるのに必要な毎月の投資額」**です。

年間利回り（税引き後）	毎月の投資額
０％	５万５５５５円
１％	４万７９３２円
２％	４万１１１８円
３％	３万５０８３円
４％	２万９７８１円

毎月３万円なら、なんとかなるような気がします。しかし、長期にわたって年利回り４％を確保できるものなのか？　ここは何とも言えません。でも、タンス貯金しているよりははるかにいいでしょう。

ちなみに、定年まで30年もないよ、という40代〜50代の方は、次の数字を参考にしてください。毎月５万円の投資で、２０００万円までに到達する年月を利回り別に出したものです。

1％　29年
2％　26年
3％　25年
4％　22年

ご覧のように**積立て型投資信託は、時間を味方にできる20代～30代の方にふさわしい投資商品**です。老後を迎えて、残された時間が減少してきた高齢者には、長いスパンで利回りをとっていくインデックスファンドは、**実は不向きな商品**だということを覚えておいてください。

ポイント

60歳以降は長期投資は不向き

年金代わりに不動産投資は正しいか？

また、老後の年金代わりに不動産投資を勧める人もいます。

不動産の家賃収入も確かに年金の上乗せとして魅力的なのですが、これはできる人とできない人がいます。30代のうちからローンを組んで始めていればいいのでしょうが、50代を過ぎると、よほどお金に余裕があり頭金をドンと入れられる人しか不動産投資はできないでしょう。**定年を前にして、大きな負債を抱えるのはリスク**でしかありません。

不動産投資で気をつけたいのは、**銀行へのローン返済よりも家賃収入が確実に上回っていなければ、意味がない**ということです。

生命保険代わりとか、老後の自分年金としてという謳い文句で不動産投資は勧誘されますが、それも、毎月のキャッシュフローが黒字であるという前提がなければ正直お勧めできません。毎月のキャッシュフローが黒字の物件であれば、売却するのも容易ですし売却益も期待できます。

しかし、現在売られている新築や築浅の物件で、キャッシュフローが黒字になる物件は何件あるでしょうか？　ほとんどが持ち出し（赤字）のはずです。必ず大きな金額を借り入れるわけですから、よほど物件を見る目がなければ、不動産投資はハイリスクとなります。

元々、不動産は土地と建物に分かれていて、建物は年数が経つうちに減価していきますし、家賃も年数とともに下がっていきます。これは将来的に元本が減っていく商品に投資をしていることと同じです。

以前のように東京都心の新築ワンルームで利回りが5％を超えていればまだやる余地もありますが、それはもう不可能でしょう。それに比較すれば、現在のＪリートの利回りが4～5％ですから、ハイリスクな現物に投資するよりもよほど理に叶っていると言えます。

土地が右肩上がりで上がる時代ならば別ですが、これだけ空き家・空き室問題が言われているわけですから、特殊な地域以外は土地の値上がりも期待できないでしょう。**不動産投資は、お金に余裕がある人が、現金で投資して利回りを稼ぐ商品**と考えた方が良いでしょう。

ポイント

借金して不動産投資はしない

自分が動くことで収入を得る「定年起業」

私が言いたいのは、**老後の収入を、年金や不動産収入や投資信託のような不労所得に限定することはナンセンス**だということです。

不労所得というと、自分は動かなくてもお金が入ってくるという楽なイメージがありますが、不動産収入や投資信託は、常にプラスで回るということを保証していません。例えば部屋の借り手がいなくなれば家賃収入はパッタリと途絶えてしまいます。投資信託も世界経済の波に大きく左右されます。

これらは、自分ではどうしようもできないことです。ただ指をくわえてみているほかありません。

定年プチ起業は、社会情勢や世界経済や誰かの思惑に左右されることはありません。株価や不動産の下落とも無縁です。

定年プチ起業では、自分が動くことによって収入を得ます。逆に言えば、自分の力が届く範囲でしかビジネスができませんが、それでいいのです。従業員を雇うわけではないし、事務所やテナントを借りるわけでもないし、銀行から借り入れするわけでもないからです。

定年起業は、基本一人で（もしくは奥さんと二人で）やるビジネスです。自分の頭を使い、アイデアを工夫して、マメに動くことで収入を稼ぎ出すのが定年プチ起業の本髄です。

ポイント

労働収入は裏切らない

どうせ働くなら楽しく働く

定年プチ起業からもたらされる収入は年金を補うものではありますが、同じ補うなら、楽しく稼ぎたいものです。

コンビニで若い店長から指示されて働くよりは、自分のスキルを活かして働く方がよっぽど楽しいではないですか。

60歳を過ぎたからといって、雇用先がなくなるわけではありませんが、どうしても若い人がやりたくない仕事が回ってくる可能性が大きいのは否定できないでしょう。その仕事をやりたいかどうかです。**やりたくない仕事を無理してやるのはストレスですし長続きしません。**

そして、50代以上で長く会社勤めをしていた人は気がつかない点ですが、今のアルバイトは管理の厳しさの点で昔とは雲泥の差があります。せっかく定年で自分の時間を取り戻したのに、また雇用されることによって時間を奪われるのは避けたいところです。

昔であれば、定年になってから稼ぐと言えば、再雇用されるしか道はなかったのですが、今は、**自分で稼ぐための情報インフラ（ネット）が充実しています。**これを活用しない手はないのです。そこが大きく違うところです。

会社を設立するハードルも今はずいぶん下がりました。

昔は株式会社を設立するには資本金が1000万円必要でした。その当時は1000万円というストックがないと会社が回らないのが当たり前という環境だったからです。今は、1円でも会社をスタートできるというのは、資本金がなくても会社を運営していくことができる環境が整ったからなのです。

ポイント

定年後は楽しく働く

ケース④　定年後に「出張メイク」で稼ぐDさん

Dさんは、化粧品会社を退職した後に、「出張メイク」を始めました。知り合いの娘さんの成人式や卒業式のメイクを手始めとして、口コミでお客さんが広がり、劇団の公演に呼ばれて役者さんにメイクしたり、地下アイドルのライブにもメイク係として出張しています。

化粧品会社で働いていた頃は、出店している百貨店で、来店したお客さん相手にメイクをするのが仕事でしたが、退職して自分で起業してみると、メイクの需要が思わぬところにまで広がっていて驚いています。

メイクで変身した自分の顔のビフォア・アフターをアップするのは、今やインスタやYou Tubeでの定番となっています。

百貨店ではけっして出会わなかった種類の人たちにメイクのニーズが広がっていることを察したDさんは、週に一度、若い子を集めて自宅のマンションでメイク教室を開催しています。月収は現在15万円程度になります。

自分だけのビジネスの喜び

現役時代に幅広い人脈や、専門的なスキルを駆使して仕事をしていた人は、現役の延長で起業してもよいのですが、オフィスワークで人脈もなく専門的なスキルもない人の場合にはどうすればよいでしょうか?

定年起業では、**現役時代と同じことをやる必要はない**のです。現役時代に仕事をやりつつ、趣味として取り組んでいた得意なことを起業につなげることもできます。得意なことであれば、それについて知識も深いし、また情報にも精通しているはずです。

私がイメージしている定年プチ企業は、**「自分だけのビジネス」**です。

本人そのものが商品であると言ってもいいでしょう。

属人的であり、他人が取って代わることができないものです。だから、規模の大小を比較したり、品質を他人と比較することはナンセンスです。

商品やサービスそのものが売りと言うよりも、「せっかくだからあの人に頼んでみよう」「どうせ買うならあの人のところで」というレベルのビジネスなのです。

他人や既成のサービスと比較して、価値があるのだろうかと悩む必要もありません。会社にいた頃は、自分の存在が社会にどう影響しているのか、ダイレクトに感じる取ることは難しかったと思います。

定年プチ起業では、目の前にいる人に感謝されて、報酬までいただけるのです。自分の行いが誰かの助けになっているという感覚は、あなたの人生に喜びをもたらしてくれるでしょう。

ポイント

定年起業では自分自身が商品

〈第2章〉定年起業の賢いやり方

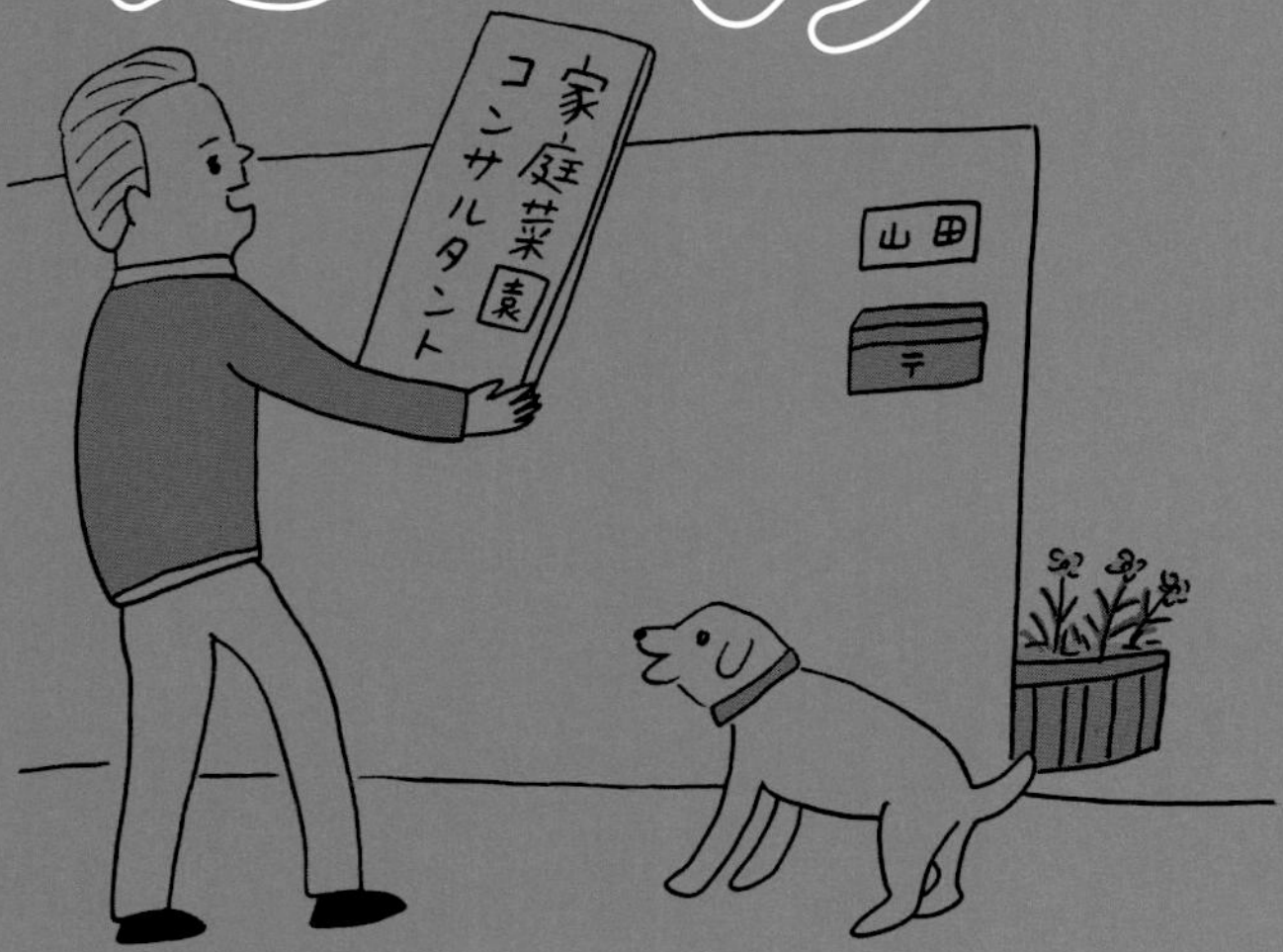

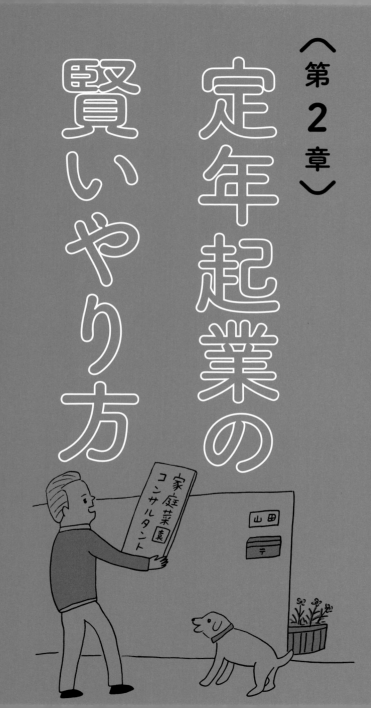

まず副業から始める

まだ定年までには間があるという方は、会社員時代から副業をすることをお勧めします。

政府は「70歳までの就業機会の確保に向けた法改正」を目指しています。つまり、現在65歳の定年を70歳まで延長しようという目論見です。

その背景には、財政難に伴う年金支給年齢の引き上げがあります。男性は２０２５年度から、女性は30年度から厚生年金の受給開始年齢が65歳になります。

仮に23歳から働くとして70歳まで勤め上げるならば、勤続47年になります。この技術革新がものすごいスピードで進む世の中で、一つの会社で同じ仕事を約50年続けて現役でいるというのは至難の業でしょう。

現実のところ、終身雇用制度や定年制は、すでに企業にとっても足枷となってきており、40代社員への職種転換や転職支援などを行う企業も出てきています。社員に副業を認める会社が出てきたのも、社員にキャリア選択の幅を持たせようという目論見なのだと思います。つまり、一生面倒を見ることはできません、というわけです。

40代、50代のうちから副業を始めて、レールを2本走らせておくのは、定年起業をするしないにかかわらず必須なのです。**副業で着々と顧客を開拓しておいて、会社を辞めたら副業を本業として定年起業するのが理想です。**

注意しなければならないのは、まだまだ就業規則に副業禁止を謳っている会社もありますので、不用意に副業を始めて解雇要件に該当しないことです。

では、副業禁止の会社だったら何もできないのかと言えば、そうではありません。売上げを上げないで、つまり「業」としてではなく、ボランティアとして活動するという手もあります。

そこでコミュニティやネットワークを作っておいて、会社を辞めたらビジネスとして立ち上げるという方法もあります。

現役時代は、すべての時間を自分のために使うことは無理です。勤務時間以外に副業の時間を確保しなければならないので、制約があります。

その時期は、定年後に100％時間が自分のものになるときのための準備期間だと割り切って、少しずつで構わないので継続することが大事だと思います。

ポイント

副業から始めて肩をならしておく

ケース⑤ 趣味のカメラで「副業から定年起業」に移行したEさん

Eさんは、学生時代から写真を撮るのが好きで、機械メーカーの社員になってからは高価な一眼レフのカメラを購入して、休みの日にはせっせと撮影会や撮影旅行で趣味を満喫していました。

先日60歳で定年を迎えたEさんは、定年延長は申請しませんでした。というのも、現役時代から得意のカメラの腕を活かすべく、プロフィール写真のカメラマンの副業をすでに始めていたからです。

スマホに高性能のカメラ機能がついて、一億総カメラマンの様相を呈していますが、やはりきちんとした技術に裏打ちされた写真はレベルが違います。

「出張撮影いたします」とSNSでPRしたところ、プロフィール写真にとどまらず、結婚式や成人式、卒業式、家族写真などのプライベート撮影から、企業のセミナー風景や商品発表会まで、幅広く注文が舞い込んできました。

現役時代は本業があるので土日にしか動けませんでしたが、今はすべての時間をカメラマンとしての仕事に注ぎ込んでいます。交通費とスタジオ代は別途料金ですので、**特段の経費をかけることなく自分の身ひとつで様々な注文を受けています。**

最近は撮影するだけはなく、写真の上手な撮り方の先生としてのニーズも出てきました。簡単に言えば「カメラ教室」です。スマホ一台で、インスタに映える写真を撮るにはどうすればいいのかを、生徒さんを集めて教えています。

Eさん曰く「**趣味も極めればお金になる**ということを実感しています。自分の好きなことで他人に喜んでいただけて、しかもお金をもらえるなんて、カメラを続けていて本当に良かったです」とのことです。

副業時代は月収5万円ぐらいだったそうですが、定年後の本格稼働した今は月収15万円を稼いでいるそうです。

初期費用ゼロ円で始める

私の提案する定年プチ起業は、持続可能な働き方です。誰かに強制されるものではないので、ずーっと関わっていたければ、それこそ体が動かなくなるまでできるものなのです。逆に言えば、途中で続けるのが辛くなるようなビジネスであれば、最初からやらない方が得策です。

継続するためには、**初期費用と固定費を最小限に抑えましょう**。というかゼロ円でもスタートできます。

まず、会社を設立するわけではないので法人設立費用がかかりません。

オフィスは自宅です。事務所を借りるような真似は厳禁です。打合せが必要なときには、ホテルのラウンジで済ませましょう。

従業員は自分一人、もしくはパートナーだけです。人を雇うと過大な責任が生じるのでやめておきましょう。手伝いが欲しい時には外部に業務委託します。

ＩＴスキルに関しては、会社員をやっていれば、グーグル検索やメールのやり取りは、普通に業務として行っていることなので、準備はできているはずです。改めて学校に通うまでもありません。

初期投資で必要なのは、パソコンとネット環境、それに名刺ぐらいのものです。

なぜ初期費用をゼロ円にするのかと言えば、ビジネスがうまくいかなかった時のダメージを最小にするためです。

すべての試みがうまくいくとは限りません。しかしたとえ失敗しても、名刺とパソコンが手元に残るだけですから、痛くもかゆくもないでしょう。

大切な退職金を投資して、それがなくなってしまうかもしれないというのでは、楽しく仕事なんかできません。いわんや、銀行からお金を借りてまでやるのはもってのほかです。若くしての失敗ならともかく、60歳を過ぎてからのマイナスは、ほぼ挽回のしようがありません。

万が一失敗したときに、失うものを少なくしておくのが鉄則です。

事務所の賃貸料や従業員への給料は固定費です。売上げが上がらなくても支払わなくてはならない出費ですから、これもなくしておきましょう。

そば打ちが中年男性に人気です。私の叔父もやっています。でも、いかに腕に自信があるからといって、テナントを借りて厨房機器を揃えて店舗を構えたりしたら、大変な費用がかかります。これに退職金をつぎ込んで失敗でもしたら、悲惨なことになります。家族にも迷惑を掛けるでしょう。

私の叔父といえば、自宅でそば打ち教室を開催しています。近所の退職者や主婦が相手だそうです。もともとそば打ちの道具は趣味で集めていたものですから、初期費用も固定費もゼロ円で楽しくやっています。

ポイント

初期費用ゼロ円でリスクをゼロに

お金をかけずに時間（手間）をかける

会社をリタイアして、会社員時代と一番違うことは何でしょうか？　私は、それまで**会社のために捧げていた時間が、すべて自分のものになる**ことだと思います。24時間を制約なく好きなように使えるのが、一番大きなことだと考えています。これは貯金のあるなし、退職金の多寡にかかわらず、すべての定年退職者が得られる恩恵なのです。

定年以降の生活の質の差は、この時間をどう使うかにかかっています。何もしないでただ時間を消費するのか、それとも生産的な活動に携わって自分と社会のために時間を使うのかでは、人生の充実度がまるで違ってくるでしょう。

定年起業では、お金はかけずに手間（時間）をかけるのが原則です。

時間はたっぷりあります。

最初は少ない顧客を相手に満足度の高いサービスを提供しましょう。それが口コミとなってお客さんがお客さんを呼んでくれます。

企業経営においては、周辺作業にかかる手間（時間）をお金で買って、その分を本業に集中するというのが鉄則です。

「スピード」「成長」「拡大」を自らに課さなければ淘汰されてしまいます。

しかし、定年起業にそんなものは要求されません。じっくり取り組んで、**成長や拡大を目指さないでコツコツやっていきましょう。**

ポイント

スピードよりもていねい志向

法人化は考えない

起業というと、すぐに会社組織にしなければならないと考える人がいますが、私は定年プチ起業で法人化にするメリットは少ないと考えています。

年間1000万円以上の利益があって、人を使うようになれば別ですが、一人で、あるいは奥さんと二人でやるのであれば、法人化を考えなくてもよいでしょう。

法人化にメリットがあるとすれば、銀行からの借入れが容易になる点が挙げられますが、そもそも定年起業ではお金を借りずにやるというのが鉄則ですから、これはあてはまりません。

一般的な起業は、法人化して会社組織が独り歩きできるように育て、未来永劫継続することを目指しますが、**定年プチ起業は、自分一人、一代限りで、自分がいなくなったら消滅するビジネス**と割り切って考えてください。

ポイント

定年起業は借り入れもゼロで

カタチから入る人は失敗する

会社に長くお勤めだと、「こうあるべき」という常識が起業を邪魔することがあります。

曰く、名刺はかっこよくデザインされたものでなければ馬鹿にされる、連絡先は固定電話にするべきだ、ホームページはグレードの高いものにしたい etc

もちろん見た目は大切ですが、名刺やホームページの作成を著名なデザイナーに依頼してお金をかけるのは本末転倒です。そのうちに、名刺に載せる住所も都心のオフィスでなくては格好がつかないと思い始めたりします。

相手の印象に残るように名刺に凝るのはいいことだと思います。しかしそこには、**お金をかけるのではなく知恵を絞る**べきなのです。中高年を顧客にするのであれば、デザインよりも文字を大きくして見やすくすることを優先するべきでしょう。

退職金がある方は、手元にお金があるのでなんでもお金で解決しようとしがちです。しかし、形だけお金で作ろうという人は、知恵を絞るということをしないので、その後のビジネスもうまくいかないことが多いのです。

これは真面目な会社員であればあるほど陥りやすい罠です。会社員時代は看板で商売ができていたので、同じように看板をきれいに見せなければならないと思い込んでしまうのです。

私は、レンタルオフィスやシェアオフィスを借りることすら、売上げが十分上がるようになってからでも遅くないと思っています。

オフィスがなくてどうやってお客さんと面談しますか——ホテルのラウンジを使ってください。

コピー機やプリンター、FAXは必要ですよね——コンビニやキンコーズがあります。

これだけ便利な社会インフラが整っている世の中です。それを活用しない手はありません。この**社会インフラは、お金のある人にもないに人も、退職金のある人にもない人**

にも、等しく提供されていることを忘れないでください。

会社がオフィスや設備を整えているのは、その方が効率がよいからです。あなたがインフラにお金をかける必要性はどこにもないのです。

ポイント

世の中のインフラを最大限利用する

定年起業は一人でやる

夫婦で一つのビジネスを力を合わせてやった方が成功する確率が上がるのでしょうか？

私は甚だ疑問です。夫と妻で得意なスキルも趣味も興味の方向性も同じであるというのであれば、これは一緒にやるべきでしょう。でも普通の夫婦はそうではないですよね。

本当はそれほど興味がないことを、我慢して相手に合わせるのはストレスになります。

であるならば、夫は夫のビジネスを、妻は妻のビジネスをそれぞれ立ち上げる方が理に叶っています。

一つのビジネスを二人でやっても、収入口は一つですが、**二人が別々にやれば、収入口は二つになります。**その方がお互いがストレスも溜まりません。

また、仲間と組んで共同で仕事するというのもお勧めしません。人を紹介してもらうとか、情報を拡散してもらうなど、協力してもらうことは大いに結構ですが、**同じ車を二人で運転するのはNG**です。別々にビジネスを立ち上げてパートナーを組むのが正解です。

もし「一緒にやろうよ」と言ってくる人がいたら要注意です。そういう人は、自分一人では何もできないので誰かを探しているからです。

独立してうまくいっている同士がコラボすることで、1＋1が3にも5にもなるのです。一人ではうまくいかないから一緒に組んでやろうというのは、絶対に成功しません。

同じ時期に定年退職した昔の仲間がいたとして、やはり彼も何かやらなくてはと、同じようなことを考えていると思います。でも一人でやるのは怖いからとあなたを誘ってきても、その誘いには乗るべきではないのです。やるなら一人です。

ポイント

一人でできない人が集まっても力にならない

ノウハウコレクターにならないで

副業にせよ定年起業にせよ、始めるときは初心者です。いろいろ試しながら手探りで自分なりの方法を確立していくしかありません。そこがまた面白いことでもあります。

会社勤めをしていた時には、毎月決まった日にちに自動的にお給料が振り込まれていましたが、今度はそうではありません。サービスや商品を提供して、直接お金を払ってもらうのは慣れないと難しいことも多いのです。

お客様が、どこにお金を払うほどの価値を感じているのかは、経験から見出していくほかないのです。

私が見ていて残念だと思うのは、実践は後回しにして「絶対成功するノウハウ」ばかりを追いかけている人が少なからずいるということです。いわゆる「ノウハウコレクター」です。

勉強ばかり一生懸命にやって、最初の一歩を踏み出そうとしない人たちです。

もちろん研究することは大切ですが、**成功している人たちは、インプットとアウトプットのバランスがとれています。**

インプットすることばかりにとらわれていると、いつまでたってもスタートすることができません。

そうした人は、起業セミナーをはしごして、決して安くない受講料を払っています。情報はたくさん持っているのですが、「何のご商売ですか」と訊くと、「いやこれからです」と答えます。

評論家になるわけではないのですから、始めないと意味がないでしょう。

最初から絶対に成功するやり方なんてありません。パーフェクトを求めて起業するのは間違っています。やっていくうちに改善点がどんどん見つかるものです。そういう意味では、完全主義者よりもフットワークの軽い人の方が向いていると言えるでしょう。

ポイント

やりながら自分の方法を発見する

結果を早く求めすぎない

プチ起業と言えどもビジネスですから、結果は大事です。結果とは収入です。これがコンスタントに入ってこなければ、長続きしないでしょう。

しかし、あまりにも**早く結果を求める人、大きな結果を求める人ほど挫折しやすい**のも事実です。

「半年以内に月収100万円に到達したい」と言う人がいますが、期間が短いですし、数字も大きすぎます。夢を見るのは結構ですが、こういうタイプの人が騙されやすいのです。

はじめてのことをやるのですから、結果が出るまでには時間がかかります。目標を掲げるのはいいことですが、そこに到達するまでにはコツコツと地道な作業を繰り返さなければなりません。

定年起業は一攫千金ではありません。成功している人は、特に難しいことはしていません。**徐々にお客さんを増やしていって、気がついたら軌道に乗っていた**というパターンがほとんどです。

また、「思い」は大事ですが、思い込みが激しすぎる人も成功しにくいでしょう。ベクトルがお客さんではなく自分にばかり向いている人です。

いいものを作れば売れるわけではありません。そのいいものが、万人にとっていいものとは限らないからです。何をお客さんは欲しているのか、そこに気がつくことができる**フレキシブルな姿勢**が求められます。

頭が堅い人ほど、正解が一つしかないと思込みがちですし、それで結果が出なければ落ち込んでしまい、今度は180度違う正解に飛びつきます。**正解はお客さんに教えてもらうものですし、それは一つとは限りません。**

ポイント

結果は後からついてくる

本気でやらないと成功しない

本格起業と定年起業の違いは何でしょうか？

本格起業の場合は、自己資金プラス創業者支援という形で公庫や銀行から融資を借りるケースが多いようです。

定年起業の場合には初期投資ゼロですから、そこが違います。自己資金も投入しませんし、借入れなどもってのほかです。

共通するのは、どちらも本気でやらないと絶対に成功しないということです。

定年起業の場合、リスクがない分、切迫度は少ないのですが、それでも本気を出してやらなければ、ただのお遊びで終わってしまいます。

副業だから、プチ起業だからと言って、いい加減な姿勢では到底成功しません。

成功している人は、とにかくマメです。

ＳＮＳであれば、ブログの更新は毎日やるのが当たり前です。ツイッターやフェイスブック、メールでの情報発信も欠かしません。「常にアップデートしています」という姿勢を見せています。

今の世の中で、**何がお客さんにとってストレスになるかと言えば、レスポンスが遅い**ことでしょう。先に経営にスピードを求めないと書きましたが、これは意味が違います。レスポンスが遅いと、「やる気がないんだな」と見限られてしまいます。

ポイント

マメな人が成功する

在職老齢年金（年金減額）は気にしないでいい

在職老齢年金は、60歳以降も厚生年金に加入して働きながら年金をもらうと、給料に応じて年金がカットされるという制度です。

65歳未満の人は「月給＋年金」が28万円を超えると、超過分の半額が年金から減額されます。65歳以上の場合は、47万円を超えると同様の年金減額となります。

この制度によって、60歳から年金をもらおうとする人は、年金を減らされないギリギリの給料に抑えた働き方を選択せざるを得ませんでした。たくさん稼いでも、年金がカットされることで総収入が変わらないのだとしたら、「働き損」になるからです。

定年起業との関係で言うと、60歳以降も在職しながら副業をするケースでしょうか。

しかしこの場合には副業で稼ぐことで年金受給を遅らせる方がほとんどでしょうから、当てはまりません。

当てはまるとすれば、65以降も在職して、同時に副業もして年金も受給するという方です。「お給料も副業も年金も」という場合です。その場合には、会社に相談して社員ではなく、フリーランスの立場で業務委託契約を結ぶという手も考えられます。在職老齢年金は厚生年金加入者でなくなれば減額されません。

また、そもそもこの在職老齢年金という制度が廃止される可能性も出てきました。

政府は「骨太の方針」（経済財政の運営と改革の基本方針）で在職老齢年金の廃止を打ち出し、自民党も参院選公約に「将来的な廃止を展望しつつ見直す」と盛り込みました。早ければ2021年にも在老（年金減額）の制度は廃止される可能性があるという見方が有力です。

ポイント

稼いでも年金は減らない

第3章 あなたにピッタリのビジネスがある

あなた自身が付加価値になるビジネス

定年起業は、固定費をかけない（事務所を借りない・人を雇わない）ことが前提になります。

金融資産を持たなくとも、自分自身の人的資産（＝スキルや経験や人脈や知識）を最大限生かすビジネスを展開するのが定年起業の特徴です。

起業のタネになるのはあなた自身です。これまでの経験や知識、培ってきたスキルや人脈をお金に換えるのです。

定年になってから改めて資格を取ったり、スキルを身につけたりするものではありません。すでにあなた自身に備わっていて、今現在、お客さんに提供できるものをビジネスにするのです。

「同じような商品は世の中にいっぱいあるから、やってもしょうがない」「似たようなサービスをやっている人がすでに存在するから、自分がやる意味がない」と言う人がいますが、それは違います。

考えても見てください。どこにも競争者（コンペティター）がいない、唯一無二のビジネスなんて、そうそうあるものではないのです。世の中にある商品やサービスの9割方は、誰かの二番せんじ、三番せんじなのです。

その**商品やサービスを、「あなた」が提供するところに意味がある**のです。

例えば、人に何かを教えることを仕事にするのであれば、教える中身（コンテンツ）よりも、教えるあなたの経歴や人間性が付加価値を持つのです。

あるいは、手作りの何か（洋服でもアクセサリーでもリースでも何でも構いません）を販売するのであれば、そのもの自体に価値があるというよりも、それを作ったあなたに付加価値があると考えてください。

長年それに携わってきた経験（ストーリー）を商品にするのです。

「あの人が教えてくれるのだから行ってみよう」「あの人のつくるものだから買おう」

というように、**お客さまはそのストーリーに共感して、価値を認めてお金を払ってくれるのです。**

これはある意味、百貨店の外商と似たような構造です。外商からものを購入するお客さまは多くの場合、「あのバイヤーが勧めてくれるのだから間違いない」と思ってお金を支払います。

お寿司屋さんや美容室も同じですよね。トロはどこで食べてもトロですが、「あの大将が握るから」食べに行くのです。同じ髪型でも、「あの美容師さんだから」セットしに行くのです。

マーケティングの世界では、人との結びつきが購買につながるスタイルを、「関係性構築マーケティング」と呼び、これを経営戦略の中心軸に置く企業も増えてきました。「関係性」とはあいまいな言葉ですが、お客さんがそのサービスを受けた時に、あるいはその商品を購入したときに、「まごころ」や「思いやり」や「心遣い」を感じることがポイントです。

商品やサービスの送り手と受け手が「共感し合えること」と言い替えてもいいでしょ

う。

商品やサービスで圧倒的な差別化を図ることなんて、普通の企業にだって無理です。いわんや個人においては望むべくもありません。

しかし、大きな組織ではなくとも、立派な設備は持っていなくとも**「人にしかできない何か」はあなたにも提供できるはず**なのです。

ポイント

あなたの経験やスキルをお金に換える

効率化は目指さない

定年起業はかなりの部分でＳＮＳを利用します。また、これだけネットインフラが発達しなかったら、定年起業は成り立たなかったと思います。

しかし、ネットを利用すると言っても、ビジネスの中味はとても人間臭く、属人的です。少人数の顧客を相手にした体温の伝わるようなビジネスです。

これは不特定多数のマスを顧客にしている大企業やＩＴ関連企業の対極にあると言ってもいいでしょう。

ＩＴ企業のサービスを思い浮かべてください。彼らは「いかに人とコミュニケーションをとらないでお金を払ってもらうか」というビジネスモデルを熱心に構築してきました。彼らは、「人が介在するコスト」を極力減らしたいのです。

カスタマーセンターに電話をかけたことがある人ならわかるでしょう。自動音声でたらい回しにして、顧客に多大なストレスを与えていますが、彼らにしてみれば、それが一番効率的だからやっているのです。顧客のイライラは織り込み済みで、確信犯と言えます。

キャッシュレス化が進み、店員のいない売り場も増えてきました。「効率優先で人間的な対応を回避する」という流れは、AIやロボティクスのおかげでこれからも進む一方でしょう。

定年起業は、効率化で勝負しても負けるのは目に見えています。AIやロボティクスには勝てません。**定年起業が目指すべきは「能率化」によって顧客にとっての特別な存在になること**です。

「効率化」と「能率化」はどう違うのでしょうか。

効率化とは、成果にたどり着く工程を減らすことです。プロセスやリソースを削減して同一の成果を得ることが効率化です。目標とするゴールにいかに早くたどり着くかが問われます。

これに対して能率化とは、成果そのものを増やす行為を指します。早くたどり着くことが目標ではありません。成果を上げることが目標なので、そのためには時間やコストをかけることも意味があります。

企業の一員として働いていた頃は、いかに時間とコストを削減して効率的に仕事を進めるかに努力していたことでしょう。

しかし、定年起業においては頭を切り替えなければなりません。**むしろコミュニケーションに時間とコストをかけることが必要とされる**からです。

今や、欲しいものの大半はネットで手に入ります。それでも人は、人間的な温もりのある対応があればうれしいものです。

定年起業は、大企業やＩＴ企業には不可能な人間味のあるビジネスを提供していくことで一定のお客さんを確保することができるのです。

ポイント

定年起業はコミュ力が勝負

顧客が不満に感じていることをリサーチしておく

まだ会社にお勤めでこれから定年起業の準備をしようという人は、何が飯のタネになるのかという観点から自分の業務を見つめ直すということも必要です。

会社にいるからこそ得られる情報や、その業界に属しているからこそ得られる人脈というものがあります。

例えばＢｔｏＢ的な業務をしている人ならば、これを定年後にＢｔｏＣに展開したらどうなるだろうということをシミュレーションするのも必要です。

ＢｔｏＣであれば、着目するべきは、顧客が十全に満足度を感じていない点です。企業は様々な制約から、一人ひとりのお客様に対して１００％満足するようなサービスができるわけではありません。

不満こそはビジネスチャンスです。**顧客が感じている不満に気がつくことができれば、自分が起業したときの大きなヒントになる**可能性があるのです。

あるいは、「こんなサービスや商品があればいいのにな」と思っていても、会社の方針と合致しないということで実現しないことも多々あります。そうしたアイデアも蓄積しておくことで、起業の際に役立つでしょう。

例えば、金融商品や保険商品を販売する仕事に就いていたとします。よくある話ですが、消費者（顧客）はおうおうにして知識不足で、営業マンの勧められるままに商品を契約している側面があります。

本当はもっとお客様教育が必要だと感じていたとしても、一方で売上げが優先されるので、そこまでは手が回りません。

退職して会社の立場を離れたなら、消費者目線で金融や保険の商品について自由な立場から情報を提供することができるようになります。

自分と同じ業界にいた先輩が先に定年を迎えて起業しているならば、会って話を聞かせてもらうことも大変参考になります。

ポイント

「自分が社長ならどうするか」という視点で仕事を見つめ直す

「趣味」にお金を払う人はいる

人的資産の一つは仕事通じて得たものですが、一方、長年の趣味を通じて得た知識やスキルや人脈も資産になり得ます。

会社員の場合、自分の好きなことが仕事になっているという人は少ないでしょう。やっていくうちに専門家として認められ、仕事が好きになっていったというケースか、嫌ではないからやっているけれど、お金のために割り切っているという人がほとんどだと思います。

実例で挙げた、カメラマンや料理家がそうですが、自分の好きなことでお金を稼ぐわけですから、モチベーションも高く長続きしますし、惜しみなく力を発揮できます。

「趣味に関する知識やスキルにお金を払う人なんているのだろうか?」そう思われた方

もいるでしょう。

でも考えてみてください。あなた自身だって、趣味にお金を費やしてきたではないでしょうか。**これまで趣味にお金を費やしてきたのが、今度は趣味でお金を稼ぐ側に回るのです。**

といってもピンとこない人は、今まで自分がどんなことにお金を支払ってきたのか検証してみればいいのです。

趣味にお金を使うと言っても、物を買うばかりではなかったはずです。趣味を極めるということは、表面的な消費者であることから、マニアの世界に深入りしているはずです。

勉強会に参加したり、講演会にプロの話を聞きに行ったり、イベントに参加したり、あるいは趣味が同じ同士で交換会に行ったりしているはずです。

趣味を起業にする際に一番いいのは、コミュニティに参加することです。

同じ趣味の人が集まっているので、そこで情報を交換できますし、お客さんになってくる人を見つけることもできます。

あるいはインフルエンサーとなって、あなたの営業を助けてくれる人もいるかもしれません。

先に趣味をお金に換えている先輩に出会うことができるかもしれません。

コミュニティに参加するうちに、自分のどんな経験やスキルがお金になるのか、あるいはどういうやり方にすればお金を稼ぐことができるのかといったことについて、知見を深めることができます。

ポイント

自分が何にお金を支払ってきたのか振り返る

人脈こそが宝物

定年起業で最初にお客さんになる人は、あなたのことをよく知っている人である可能性が高いです。

起業した後に出会う人も大切ですが、起業する前にどれだけそういう人と出会っているかで、スタートがうまくいくかいかないかが決まります。

あなたが起業する際に助けになってくれるようなつきあいの濃い人が、どれだけたくさんいるかです。

前にも申し上げたように、定年起業における購買動機は、「あの人がやるからサービスを受けよう」「どうせ買うならあの人からにしよう」というもので、関係性ができていることが購買につながります。

定年起業の最初の成功のカギは、リタイアメントするまでにどれだけそうした濃いおつき合いができる人とたくさんつながっているか、にあるのです。

人脈がない人が起業してお客さんを集めようとすると、「広告」という名の初期費用が発生してしまいます。

人脈を形成しているということは、それに費やした交際費や時間というコストが先行投資となって、広告費を抑えられるということです。

お客さんがいなければ、ビジネスはおろかボランティアとしても成り立ちません。逆に言えば、**一人でもお客さんがいればビジネスはスタートできる**のです。

不特定多数の中からお客さんになってくる人を待つのではなく、まずは知り合いの中から一人モニターになってもらい、価格を下げてお客さんになってもらうという方法をお勧めします。

企画勝負、商品勝負ではないので、自分がやるサービスに対して共感してくる人に最初のお客様になってもらうことが大事です。最初は採算を度外視してもいいのです。そのお客様がインフルエンサーとなってお客様を呼んできていくれることが目的なのですから。

趣味を起業のタネにするならば、人脈を作るという意味でも、現役時代からコミュニティに属している、あるいは主宰することで成功の可能性が高まります。

ポイント

知り合いに最初のお客さんになってもらおう

「教える系」で起業する

「経験、知識、ノウハウを教えてお金に換える」というのが、定年起業では一番オーソドックスです。

自分の経験を使ってお客さんをサポートしたり、困りごとを解決してあげるのが仕事の内容となります。

これが一番始めやすいですし、その人のキャラクターを前面に出すことができます。

講師業ということになるのですが、○○コンサルタント、○○コンシェルジェ、○○トレーナー、○○アドバイザーというふうに、だれでも何かしら肩書はつけられるでしょう。

○○に入る言葉は何なのか、コンサルタントとアドバイザーのどちらがふさわしいのか、自分の経歴や教えを欲しがっている人たちのことを考えれば、ピッタリくる肩書が見つかるはずです。

コンサルタントやアドバイザーという言葉がしっくりこないのであれば、○○の達人や○○マイスターでもいいでしょう。公的な資格名称とバッティングしなければ、自分で作ってしまって構いません。

50代で始めるとすれば、社会人、職業人としてのキャリアは少なくとも30年はあるわけです。

その間の半分以上の期間はマネジメントとして、部下の指導にあたっていたわけですから、人に教えるというスキルも身についているはずです。

一度、ご自分のこれまでの職歴を棚卸しして、そこから起業にふさわしい肩書を見出していきましょう。

趣味の世界でも同様です。この**「教える系」は、仕事の数だけ、趣味の数だけ存在するといっても過言ではない**でしょう。

ポイント

人に教えられるものは何か？　を見つける

「営業系」で起業する

営業という仕事に特化して長年働いてきた方がいらっしゃいます。

こういう方は、総務や企画、人事、製造とは若干働き方が違います。「売る能力」さえあれば、どこに行っても通用しますので、より良い条件を求めて転職を繰り返す人もいます。また、完全歩合制にして個人事業主として働く方もいます。

視野が広く業界全体に精通し、また社外の人脈も広いのが特徴です。

12ページで紹介したBさんのように、営業コンサルタントして定年起業する道があります。それも、**企業から研修の講師として呼ばれる場合と、営業マンにマンツーマンで教えるケースの2パターン**が考えられます。

顧客が増えた時点で、「○○塾」と銘打って教室を開く方もいます。

「教える系」のビジネス寄りでは主流のパターンです。

売れれば売れるほどお給料が上がるシステムで働いている営業マンは、自分の営業スキルに投資することをためらいません。投資に見合うリターンがあるからです。

「あの人から教えてもらって営業成績が上がった」ということになれば、お客さんは引きも切らないでしょう。

営業系で起業するならば、営業マンとして活躍した実績があることが条件になります。さらに、**自分のノウハウを他人に伝えられるようにマニュアル化する**必要があります。

ポイント

現役時代の苦労がネタになる

「手作り系」で起業する

作品を作って販売するにとどまらず、生徒さんを集めて教室を主宰するという方が多いようです。**「手作り＋教える」**ですね。

販売だけとなると、常に作品を作り続けなければならないので、それはそれで長続きさせるのが大変なのです。

この分野は、お料理系からクラフト系、ファッション系、癒しグッズ系など、数多くあり、女性のプチ起業の定番となっています。

ポイント

作品を販売して教える

「スキル系」で起業する

48ページで取り上げたメイク教室を開いているDさんがこのスキル系にあてはまります。他には、楽器演奏であるとか、写真撮影、絵画、ダンスなどの芸術系もここにあてはまるでしょう。

語学が得意な人は、少人数レッスンや個人レッスンなども需要があるでしょう。

また、ＩＴ系のスキルを駆使した起業も考えられます。どんどん進化していくＩＴデバイスについていけない人は世の中にたくさんいます。そうした主に高齢者を対象にしたＩＴアドバイザーとして活躍している人もいます。

定年起業をしようと思ったら、ＳＮＳを活用するのは必須です。また、ブログや動画での発信も当たり前になっています。**定年起業者向けのＩＴサポートも需要が増えてく**

るでしょう。

定年起業しようと思う人は、毎年出てきます。その中でITができない人は一定の割合で存在しますので、マーケットがなくなることはないのです。

ポイント

定年起業希望者をマーケットにする

「コーディネーター系」で起業する

人に教えるのは無理という人もいます。教えるだけの材料が自分の中にないという人もいますし、教えるという行為自体が苦手な人もいます。

その場合には、コーディネーターというか中間業者になるという手があります。

教える人と教えを乞う人の間を取り持つというビジネスです。**企画力を駆使して運営側に回る**のです。自分が表に立つのは苦手だけれど、場づくりが好きな人、集客が得意な人はいるものです。

私の知っている方は、北陸でビジネス系の勉強会を主宰していますが、すでに回は1000回を数えています。

彼はコーディネーター役に徹して、会ごとに講師を探してきて勉強会で人を集めているのです。毎回質の高い講師を呼ぶことで、リピーターの方が集まるようです。
人脈が豊富でコミュニケーション能力が高い人が、こうしたコーディネーター的な役割をこなすにはうってつけです。

ポイント

裏方の役をビジネスにする

〈第4章〉

起業準備はコミュニティづくりから

コミュニティに参加してみる

今は、趣味も多様化してきています。相当特別な趣味で、世界中でこんなことに興味を持っている人が自分以外にいるんだろうかというぐらいの趣味でも、SNSなどで告知すれば、あっという間に人が集まります。

こだわりが強ければ強いほど、コミュニティは濃いものになりますし面白い展開になります。元々興味を持っていなかった人でも、そんな会があるんだという情報を知ると、ちょっと話を聞いてみたいとやってきます。

SNSツールも、フェイスブックなど実名を出しているものの方が安心感があるので、コミュニティ募集には向いているでしょう。ツイッターなどの匿名のSNSはその辺が難しいでしょう。

趣味を極めて定年起業に結び付けようと考えている人は、在職の間から、趣味のコミュニティに参加したり、自分でコミュニティを主宰していると、成功の可能性が高まります。

仕事を定年起業に結び付けようと考えている人は、会社との関係でおおっぴらにできない場合もありますが、自腹で勉強会や交流会に参加することは可能でしょう。

まずは**ネット上のコミュニティに参加して、そこからオフ会を開催**するというのが主流です。最初は、趣味の仲間の「お茶会」や「ランチ会」であれば気軽に参加できます。同じ趣味の人同士が集まって、お茶やランチをしながら情報交換するというものです。

そこに参加して、運営のやり方を勉強したり、会に来ている人の雰囲気をつかんだり、実際に話をして人脈を作るのがスタートになります。

「お茶会」や「ランチ会」を主宰している人は、そこで終わることは少なく、イベントを開いたり、セミナーや教室、勉強会へと誘導していきます。

そこにも参加して、集客の方法やどんなふうに呼びかけると反応がいいのか、イベントや勉強会の運営の仕方、定価設定、満足度を上げるための工夫などを学びます。

当然、自分も興味のある分野に参加しているわけですから、趣味を深めるための勉強と起業のためのリサーチを兼ねることになります。

なるべく会費が発生する会に参加するのがよいでしょう。サービスと金額のバランスが学べるからです。

うまくいっているコミュニティのノウハウは、どんどん真似して採りいれましょう。

自分で新しいやり方を考えるのもありですが、うまくいっているところは、それなりの理由があるので、それを見つけて真似する方が手っ取り早いですし確実です。

ポイント

うまくやっている人のマネをする

コミュニティを主宰する

慣れてきたら自分から「お茶会」や「ランチ会」を呼びかけます。「お茶会」や「ランチ会」ならば自分から声をかけるのも気軽ですし、声をかけられる方も敷居が低いので来やすいのです。

例えばカメラの場合でしたら、「鉄道」や「山」、「動物」など、テーマを決めて呼びかけて、まずは顔合わせをして親睦を深めます。一緒に撮影に行ったりするのは、その次のステップになります。

なるべくエッジの立ったテーマがいいでしょう。鉄道写真という大くくりではなく、○○線に特化するとか、寝台特急にフォーカスするなどです。

メンバー募集は、フェイスブックやツイッターで個別に呼びかるのもいいですし、すでにホームページのブログを持っていて、そこで読者のアドレスを拾っていればメールで呼びかけることもできます。

リアルで会ったことはないけれども、ネット上で友達になっている、もしくは自分のブログに登録してくれている人が対象になります。いきなりビジネスの話を持ち出すのではなく、「お茶会」や「ランチ会」で関係性を深めることが当初の目的になります。

これは、いざ自分でビジネスを始めるときのミスマッチを防ぐ意味もあります。顔を合わせて話をしていれば、お客さんの方でもだいたいどんなサービスなのか想像がつくからです。

定年起業で始めるコミュニティは、目標人数が5人です。人が多く集まる分には構いませんが、10人も集まれば十分だと思います。

定年起業は一人でやるのが基本ですから、一人ひとりをフォローするという意味でも、あまり人数を増やすと管理するのが大変になります。

コミュニティの主宰者を長く続けていると、他のコミュニティの主宰者から声が掛かって、合同で何かイベントをやったりということも出てきます。

コミュニティに所属するだけであれば、メンバーとの間のつきあいだけなのですが、主宰をすると、主宰者同士というような横のつながりができて人脈も大きく広がっていきます。

最近はオンラインサロンを活用する方が増えてきました。

これはプラットフォーム業者に月額を支払い、メンバーを集めて情報発信するものです。私もやっていますが、オンラインとは言うものの、実際には月に1回や2カ月に1回ぐらいの割合でオフラインの会合を開いている人が多いようです。

ポイント

まずはランチ会からスタート

配信は無料に、会費は安くても取る

ネットでの情報配信――ブログ、メルマガ、動画――は、無料にした方がいいでしょう。

ここまでは無料だけれどもここから先は有料になります、というやり方もよく見かけますが、これはよほどのコンテンツでない限りお客さんはつかないでしょう。

無料で配信するからといって手を抜いてはいけません。また出し惜しみするのもよくありません。

「こんなに濃い情報を無料で出してしまっていいの？」と思われるぐらいの人の方が、有料で何かをやるときに人が集まるのです。

コミュニティへの参加については、低額でも構わないので会費という形で徴収した方が良いでしょう。ただしこれで儲けるわけではありません。あくまでも会の運営費として説明できるぐらいの額がよいでしょう。

ここが入り口であるとすると、次に「お茶会」「食事会」→「イベント」→「セミナー（グループレッスン）」→「個人セミナー（個人レッスン）」という具合にレベルを上げていきます。

「お茶会」「食事会」までは実費だけにとどめておいて、その後からはビジネスとしてレベルが上がるにつれて料金も上げていきます。

副業やプチ起業のレベルであったとしても、お金をいただく以上、本気で取り組まなければお客さんは離れていきます。お金の多い少ないは関係ありません。自分がお金を払う立場だと想像すればわかることです。**いい加減な人には一円でも払いたくない**ものなのです。

定年起業では、うまくいく人とうまくいかない人がくっきり分かれます。その中間はありません。

「お茶会」や「食事会」はハードルが低いので誰でも始められるのですが、参入障壁が低い分、それより上のレベルのお金を稼ぐ段になって、成功者と失敗者に分かれてしまいます。それは、**コンテンツの善し悪しというよりは、取り組みの本気度の違い**と言っていいでしょう。

食事会などでも、会員から聞かれたことには出し惜しみしないで丁寧に教えてあげましょう。それでセミナーに来ないのかといえば、来るのです。人間性を見て、ここまでやってくれるのならば、勉強会にも行ってみようとなるのです。

セミナーにおいても、全部教えてしまっても構いません。マニュアルもお土産に付けてあげて、「後はご自分でどうぞ」と言っても、必ず個人的に教えを受けたいという人が出てくるはずです。

ポイント

情報提供は出し惜しみしない

第5章

定年起業、成功のポイント

集客と課金が最大の壁

会社をリタイアして、さあ定年起業するぞと、急に看板を掲げても、たいていうまくいきません。うまくいかない理由は、人を集めるのが大変なことと、お金をとる術を知らないからです。

会社勤めしている時には、直接お客さんを集めたり、直接お客さんからお金をいただくということはしていません。会社が集客したお客さんと接し、会社にいったん入った売上げから給料をもらっているのです。

リタイア後の収入の確保は、現役時代から練習しておかなければうまくいかない、と覚悟しておいてください。

集客と課金のハードルを、現役時代にクリアしておけば、鬼に金棒です。現役の時から、副業において何かサービスを提供したときには、対価をいただくということを意識的に実行してください。

ポイント

仕事をしたら対価をもらうと意識づける

肩書は一目でわかるものに

定年起業では、肩書が大事です。

「金融に詳しい人」から無料で話を聞くのと、「金融アドバイザー」から有料でアドバイスを受けるのと、どちらがいいでしょうか？

本当に困っている人は後者を選ぶでしょう。お客さんにとっては、有料のサービスであることが信用性を保証するからです。

金融に詳しい人と金融アドバイザーではイメージが違います。後者ならば、アドバイザーと名乗った時点で、専門的な知識をバックボーンに持つ人であると見られます。

「メイクの上手な人」は友達のメイクぐらいならできますが、お金を取るならば「メイクアップ・トレーナー」と名乗った方がいいでしょう。

「お料理の上手い人」ではなく、「料理研究家」と名乗った方が、教えを受ける人も気持ちよくお金を払います。

専門的な経験や知識に裏付けられたプロであることを肩書で表現してください。

肩書は、自分が何を商品として提供しているのかが、一目でわかるものでなければなりません。説明が必要な分かりにくいものや、独りよがりのキラキラネームみたいな肩書は避けましょう。

なおかつ肩書は、**できるだけ分野やジャンルをセグメントした方が良い**でしょう。「老後資金専門金融アドバイザー」とか「時短料理研究家」と名乗れば、どういうお客さんを相手にしているのかが分かりやすくなります。

ポイント

お客さんを意識して肩書きをつける

キャッチコピーで特徴を出す

定年起業では、自分自身が商品なのですから、まず自分を知ってもらうことがスタートになります。

肩書以上にもっと差別化を図りたい、個性を出したい、目立たせたいのであれば、名刺やチラシではキャッチコピーを載せることも効果的です。そこで自分の色を出しましょう。

実例で紹介したカメラマンは、肩書は「カメラマン・カメラ撮影講師」ですが、サブキャッチを「スマホを使ったインスタ映えする写真の撮り方レッスン」としています。

このキャッチを見た人は、教える方はカメラのプロだけど、教わる方はスマホでＯＫなんだということがわかります。これが「写真の上手な撮り方教えます」だと、教わる方は一眼レフを用意しなければならないのかと身構えるでしょう。

営業コンサルタントであれば、自分の経歴と照らし合わせて、どこの業界に強いのか、法人営業なのか個人営業なのかをしっかりと示す必要があります。

定年起業で相手にするのは、少数の限られたお客さんです。一人でやるわけですから、どのみち何百人も相手にできるわけがないのです。

大風呂敷を広げるよりも、**自分ができることをフォーカスして示す**ことで、お客さんも絞られます。絞った分、中身の濃いサービスをマンツーマンで提供していくことで、お客さんの満足度が上がり、それが口コミで広がっていくのです。

起業したての頃は、「〇〇については何でもやります、受け賜ります」と言いがちですが、そこは自分ができること、最大限力を発揮できることに限定して発信しておかないと、あとあと面倒なことになりかねません。

苦手なことだけれども、お客さんに言われたからと言ってやってしまうと、結果がうまくいかなくて評判を落としてしまうことになりかねません。

できないことはきちんと伝えて、むしろそれにふさわしい人を紹介した方が、あなたの株は上がるのです。人脈を築くことの大切さはそこにあります。

キャッチコピーは、最初は自分が得意とする層に対して作り込むのがいいと思います。男性をお客さまにするのか女性なのか、年齢層はどのあたりか、どんな志向性を持った方なのかをはっきりさせておくのです。

同じ商品やサービスでもキャッチコピー次第で受け取る側のイメージはずいぶん違ってくるからです。

交流会に行くと、男性用と女性用に名刺を分けてつくっている人もいます。男性と女性では響く言葉が違うからだそうです。男女両方を狙うのであれば、こうした工夫も必要かもしれません。

客層をセグメントすることで、逆にお客さんは安心する部分もあります。

例えば起業する人が女性で、お客さんを「女性限定」と銘打っていれば、女性同士で特有の悩みをすでに理解していると解釈してもらえます。「子ども限定」としていれば、子どもの扱いに長けていると解釈してもらえます。

ポイント

キャッチフレーズでお客さんをセグメントする

プロフィールで自分を知ってもらう

肩書やキャッチコピーは、一度定めたら絶対に変更できないというものではありません。使いながら、お客さんの反応を見ながら変更していってもいいのです。

中には、肩書とやっていることにギャップがある人や、いつの時代に作ったんだというような古臭いキャッチコピーを見ることがあります。これは逆効果でしかありません。

自分を表現するのにぴったりで、なおかつお客さんが納得するような肩書やキャッチコピーができるまで、**何度もバージョンアップすることが必要**です。

同様にプロフィールも用意しましょう。

なぜ自分がそのビジネスをやっているのかに説得力を持たせるためのものです。

同じような商品やサービスがあった時に、**誰がそれを提供しているのかということが非常に重要になってくる**からです。

「なるほどこういう経歴の人がこういうことをやっているんであれば、お願いしてみようか」と、受け取る側が納得してはじめてお客様になってもらえるのです。

提供する商品やサービスと、提供する人間のプロフィールにギャップがあると、お客さんはそこで疑問を持ってしまって購入には至りません。

プロフィールを作る際には、読む人がどのあたりに反応するか考えながら作りましょう。いわゆる履歴書に類するものを生真面目に作る人がいますが、逆効果でしかありません。

プロフィールを読む人は、**書いた人の表現力を採点しながら読んでいる**のです。何でも詳しく書けばいいというものはありません。「要点が絞れない人だな」「自分を表現するのが下手な人だな」と思われてしまいます。

人はプロフィールのどこを見るのでしょうか？

自分と接点がある人なのかどうかを無意識に見ていますから、出身地や出身校は書いておいた方が良いのです。「○○市（○○高校）のご出身ですか」というのが話の切り口になります。

経歴については、仕事であれば一番アピールしたい部分をクローズアップして、その他は切り捨てても構いません。在職中の肩書を誇示するのではなく（いやみに思われます）、仕事の中味ついて書きましょう。

ポイントは、**起業してからの直近の実績について詳しく書く**ことです。どんなサービスを提供しているのか具体的に書くのです。

最初は実績なんてありませんから、後述する「モニターサービス」でなるべく早く実績を作ってしまいましょう。

ポイント

プロフィールに書くためにも早く実績を作る

集客は、アナログから始めよう

最初は、周りの知人がお客さんになります。ネットではなくアナログでお客さんを探してきます。

とりあえず、今まで出会ってきた人の中から、サービスの対象となる人をピックアップして「こんなこと始めました」と情報を提供するのがスタートです。

最初はお客さんにモニターになってもらって、感想をいただいたり、改善点を指摘してもらいます。また、価格設定についてアドバイスをしてもらいます。

モニターになっていただく方には、無料もしくは安価にサービスを提供して、その代わりに感想や意見を提供してもらいます。これが重要なのです。

なぜ感想や意見が大事かというと、それをチラシやホームページに載せることができるからです。また、**すでに実績があるということをプロフィールに書きこむことができ**

ます。

人は、誰もお客さんがいないお店には入るのを躊躇します。感想が載っているということは、すでにお客さんがいるということの証明ですから、これを見たお客さんは安心できるのです。

友人でも親戚でもいいので、とにかく一人目のお客さんを確保することです。

最初から見ず知らずの人がお客さんになってくれるわけがありません。定年起業は、応援してくれる人がいて、はじめてスタートを切ることができるのです。

ポイント

一人目のお客さんは知り合いでいい

人間関係こそが定年起業の最大の資産

定年起業ですから、すでに60年近く生きているわけです。相当の人数の人と出会っているはずです。その中にあなたの最初のお客さんになってくる人がいるはずです。

起業にあたっては、これまでどういう人間関係を築いてきたかが問われます。

在職中に円満な人間関係を築けていて、二つ返事であなたに協力してくれる人がいるのかどうかです。

厳しい言い方をするならば、在職中にそうした人間関係を築けてこなかった人は、定年起業してからもうまくいく確率は下がります。

50歳を過ぎると、どんなに愛想よくしようと努めても、顔つきや立ち居振る舞い、言動に本来の人間性がにじみ出てしまいます。お客さんも馬鹿ではありませんから、そのあたりは見抜かれてしまうのです。

人間性を見るとは、要するに信用できる人かそうでないかを感じるということです。

趣味の世界で言えば、これまで属していたコミュニティのメンバーが対象になります。

同じコミュニティに所属していても、メンバーから協力してもらえる人と協力してもらえない人がいます。

この違いは、そのコミュニティに対する貢献度の違いなのです。少なくとも、そのコミュニティ内で疎まれたり嫌われたりする言動をとってきた人は、起業しても協力してくれる人は現れないでしょう。

定年起業では最大限ネットを活用しますが、それでも、最終的には教室であったりコンサルティングという形で、リアルに対面してサービスを提供する場面が出てきます。また、そういうシチュエーションまで行かなければ、おそらく対価は発生しないでしょう。

サラリーマン生活は、人間関係調整力を磨く場でもあったはずです。気難しい上司や言うことを聞かない部下に苦労したことは多いと思います。そこで磨かれた**人間力が定年起業においては最大の武器になる**のです。

ポイント

「いい人」と言われる人ほど成功する

定年起業の営業とは「お知らせ」

最初の客さんから感想をもらって、それをホームページに掲載して、そこからはじめて集客のための営業活動が始まります。

営業活動と言っても、身構える必要はありません。定年起業の営業とは「お知らせ」に近いものです。

初期費用ゼロですから広告や宣伝もしません。ただし、お知らせ（情報発信）はマメにやります。宣伝部がなくて広報部が充実している会社をイメージしてください。

ホームページを開設する際も、最初は現職時代に知り合った人や、所属しているコミュニティのメンバーなど、すでにコンタクトを取っている人にその存在をお知らせして、必ず閲覧してくれるように依頼します。

フェイスブックやツイッターでも広報はしますが、実際に見に来てくれる人を確保することが大事で、そこからリンクを張ってもらって広めてもらいます。

「ホームページは必要ですか？」とよく聞かれますが、これは必須です。

例えば、最初にモニターになってくれた方が口コミであなたのことを誰かに伝えたとします。

「子どもに英会話習わせたいなら、適任者がいるわよ」と。

それを聞いた人は、まずネットで検索するでしょう。**なにはともあれネットで検索というのが消費者の行動パターン**ですから、検索したときにあなたのしっかり作られたホームページが出てきたら、安心するでしょう。

しかもそこにすでにお客さんの感想が載っていればなおのことです。

起業したならば、自分の名前がググられることを前提にしてください。

公的な機関が主催する勉強会やセミナーの講師になるということも、自分を告知する上では強力な武器になるでしょう。

市民や区民を対象にした、文化的な催しや健康教室などがあります。講師に選ばれるかどうかはわかりませんが、トライしてみる手はあります。

そういうところには、近所に住む高齢者や主婦が集まりますので、その講座自体ではビジネスにならなくとも、自分を売り込む場としては効果的です。

また公共の講座で講師をしたという実績をプロフィールやチラシ、ホームページに載せることで、信頼度もグッとアップします。

ポイント

興味を持った人は必ずネット検索する

ホームページでは「やっている感」を醸し出す

ホームページもフェイスブックも、検索されてもいいようにそれなりのクオリティのものを用意しておいてください。

ホームページを作成する上で大事なのは、デザインもさることながら、一番は「やっている感」を醸し出すことです。

お客さんの感想もそうですが、**写真や動画を使って、実際の場面を見せるのも効果的**です（お客さんの顔が写っている場合は許可を取らなければなりません）。

たとえお客さんがまだ3人しかいなくても、ゼロではないわけですから、その実績を最大限活用するのです。そのためにも、モニターで構いませんから、一人目の客さんを確保することが重要なのです。

お客さんは、自分ではサービスを受けていないので、そのサービスがいいかどうかは判断できません。自画自賛している業者は怪しみますが、他の人が実際にサービスを受けて推薦してくれているなら安心感を得ることができます。

ポイント

ホームページに「お客さんの声」は必須

価格ではなくサービスで勝負する

価格設定については、同じようなサービスをやっている人がどのぐらいの価格設定をしているのかリサーチして、そこからあまりかけ離れない方が良いでしょう。

安売りする必要はありませんが、**最初は同業他社と同水準で始めるのがよい**でしょう。お客さんをたくさんとるということが目的ではないので、「業界最安値」などを目指さなくてもいいのです。

お客さんにしてみれば、「高くも安くもないけれども、○○さんがやるから頼んでみようか」という心理なのです。

価格で差別化を図る必要性はありません。むしろ**価格で惹かれてやってくるお客さんはそんなに質のいいお客さんではありません。**あとあとクレームやフォローに追われることになりかねません。

むしろ、価格は平均レベルだけれども、中味は価格以上だったと思ってもらうことが重要です。**価格を下げずにお得感を感じてもらえるように努力しましょう。**

他社が10のサービスに対して対価が1万円だとしたら、同じ1万円でサービスを12にするというイメージです。

定年起業の一番の武器は、一人のお客さんに時間をかけられることです。30代40代で起業する人は、むしろ時間との勝負で一人のお客さんにそれほど労力を割けません。大企業も費用対効果を考えますから同じです。

丁寧なサービスを提供できることが定年起業の最大の強みであると言えます。

ポイント

同じ価格なら内容と質で上回る

決済は先払いが原則

教室であろうがコンサルティングであろうが、基本は前払いです。回収リスクはとらない方がいいと思います。

モノを販売するのであれば、お金をいただいて領収書を渡せば完結しますが、教室やコンサルの場合には、事前にお客さんと契約書を交わす必要があります。

契約書の中味は、提供されるサービスの中味と回数、それに対する対価が書かれたもので、付随して禁止事項などお互いが守るべきルールについても書きます。

割引はどんな時にやった方がいいでしょうか。

私は、イベントやセミナー、教室などでの紹介割引やペアチケットが効果的だと思います。

友達を紹介してくれたり、誰かと一緒にきてくれるということは、お客さんが集客の手伝いを代行してくれていると解釈できるので、あえて割引することにも意味があるからです。

ちなみに、イベントを開くことは、集客においてかなりのパワーを発揮すると思います。

イベントそれ自体で儲けることはなかなか大変ですが、それまで来てくれていた人が友人や知人を連れてきてくれることで、サービスや商品の周知にそれなりの効果を発揮します。

また、イベントを行うことは、既存のお客さんに対しても刺激になります。例えば、曜日ごとに定員5人ずつの教室をやっていたとして、何か月かに一回、合同のイベントを開きます。

出会う機会のなかった生徒さん同士が顔を合わせることで、新しい展開が生まれることもあります。
また、イベントを通じて、先生に対する信頼感とともに、教室自体に対する愛着も生まれてきます。

ポイント

割引は集客のために使う

定年起業に失敗はない

定年起業では早く結果を求めない、と前述しましたが、目標は立てておきましょう。期限を決めて、そこまでやって結果が出なければ、次のことを考えるという作戦です。

私は、**少なくとも月に新しいお客さんを一人は開拓する**というのが、最低条件だと思います。

ずいぶん、低いハードルだと思われるかもしれませんが、そもそも定年まで会社で過ごした人が、華々しい起業などできるわけがありませんし、それを求めるのは間違っています。

たとえ月に一人であっても、サービスを提供して対価をいただけるというのは、実はすごいことなのだと思います。対価が発生しない仕事は誰でもやることができます。ボランティア活動をするのは素晴らしいことですが、そこから一歩踏み出して、お金を稼ぐのは大変なことなのです。

初期費用ゼロで始める**定年起業の有利な点は、まったく売上げがなくてもマイナスにはならないと**いうことです。

お客さんが来ない、あるいは思っていたよりも少ないというのは、失敗に思えるかもしれませんが致命的なダメージはありません。ゼロリスクなのですから、成功するまで形を変えて何度挑戦してもいいのです。

うまくいかない時に、やっぱり広告を出した方がいいのではないかとか、オフィスを構えないからダメなんじゃないかと考えるのは間違っています。

定年起業で優先すべきは、成功することよりも大けがを負わないことです。借金をしたり、退職金を減らすようなことでは、本末転倒です。もうやり直しが効かない年齢になっているということをくれぐれも忘れないでください。

ポイント

ダメだったら次のことを考える

〈第6章〉

大杉潤さんに聞く セカンドキャリアの上手なはじめ方

本章では、定年を目前に控えて独立起業し、研修講師・コンサルタントとして活躍されている大杉潤さんにご登場いただき、定年起業を成功させるためのポイントをお聞きしました。

大杉潤さんプロフィール

１９５８年生まれ。大学卒業後に日本興業銀行（現みずほ銀行）に入行。同行を22年間勤務したのち、金融機関、人事関連会社、メーカー勤務を経て、２０１５年に57歳で独立。

現在は事業会社のコンサルタント、企業の研修講師、ビジネス書の執筆、出版コンサルタントなど幅広い分野で活躍中。著書に『定年後不安』（角川新書）、『入社3年目までの仕事の悩みに、ビジネス書１００００冊から答えを見つけました』（キノブックス）、『銀行員転職マニュアル』（きずな出版）などがある。

独立前夜

大杉さんの場合、定年までは間があったので、定年前起業と言ってよいでしょう。現在は、コンサルタントや研修講師として活動するかたわら、念願であった執筆業もスタートさせています。

独立する直前は、地方企業に執行役員として単身赴任しており、家族のいる東京に戻りたいという気持ちも、独立を後押ししたそうです。

「最初の転職が45歳のときで、その頃から、いつかは独立したいと準備を進めており、57歳の時に、その時が到来したと思い、独立しました」（大杉さん　以下同）

大杉さんは定年起業成功の秘訣は、辞める前の準備にあると言います。

「いずれ本を執筆して印税生活をするというのが夢でした。そのための準備として55歳の時にブログを立ち上げて、ビジネス書の書評を始めました」

元々ビジネス書を読むのが大好きで、新入社員の頃から年間300冊は読んでいたそうです。ブログを始めるまでは、そのまま読みっぱなしだったのですが、せっかくだから何か残したいと思い、ビジネス書の書評を始めました。

「現役の会社員でいるときには安定収入の確保と人脈づくりなど、会社員でいることのメリットをフルに享受しながら、個人としての情報発信をしていくことが大切だろうと思います」

大杉さんは、書評ブログを毎日更新しており、すでに紹介した本は2000冊を超えました。2000字程度で、内容は主観的な批評よりも紹介に徹したものになっています。

ビジネス書の書評ブログ自体が少ないので、業界でも注目され、一般の読者よりも著者や出版社の編集者に好評だそうです。

ブログを読んでからアマゾンに飛んで購入する方も多く、大杉さんが紹介したことによって、ブログ経由で年間1000冊以上のビジネス書が売れているそうです。

毎日更新している原動力は「ビジネス書が好きだから」だそうです。好きなことでないと長続きしないのです。

同様に長続きしているもう一つの趣味が「ハワイ」です。ハワイ好きが高じて、10年前からハワイに関する情報をツイッターで毎日発信しています。

そこに「今日、ブログで取り上げている本」を載せると、そこから出版社の方が反応して、ブログにたどり着くという流れになっています。

ツイッターを窓口にして、ブログで自分を知ってもらうという形ができています。フォロワーがすでに28万人を超えているということですから、下手なメディアよりも大きな発信力を持っていると言えます。10年間毎日つぶやいた積み重ねだとおっしゃっていました。

その他にも会社員時代から、本好きを集めて読書交流会をやっていました。大杉さん自身も出版を目指していたので、出版関係者との人脈作りにも励んでいたのです。ビジネス書の紹介ブログをやっていたので、著者や出版社の編集者ともフェイスブックでつながり、そこのコミュニティから、どんどん人脈も広げていきました。

大杉さんが在籍していたのは副業禁止の会社だったので、独立準備の仕方も工夫しました。

「ブログやフェイスブックはペンネームでやり、写真の代わりに似顔絵を載せました。いずれ本を出版しようと思っていたので、先にペンネームを決めておいたのです」

会社に在籍している間は当然、いろんな活動はすべて収入を得ない形でやらざるを得ませんでした。

○企業コンサルタントとしてスタート

独立した後は特別なことはしていないと言います。東京に戻ってきて、昔の知り合いに「フリーになりました。コンサル業を始めます」とあいさつ回りをしたのが、スタートです。

独立を奥さんに反対されたていたので、奥さんを社長にしてファミリーカンパニー「ノマド&ブランディング」を立ち上げました。

妻を社長にするというアイデアも、『いますぐ妻を社長にしなさい』（坂下仁著・サンマーク出版）というビジネス書を読んで得たものです。

起業した直後に一番、大きかったのは興銀時代の先輩、後輩、同期からの紹介でした。身近なところからビジネスをスタートさせたのです。

コンサルタントは、一般の事業会社が顧客です。どうやって売り上げと利益を上げるかという経営のアドバイスが主な内容になります。最近であれば、Eコマースをどのようにして強化するかがテーマとしては大きいそうです。どうやって集客するか、お客様にメッセージを届けるかが課題の会社が多いのです。

大杉さんは、都内のいくつかのコンサルティング先（アパレルメーカー、人材関連会社、不動産会社など）に専用の机とパソコンがあり、そこがオフィス代わりになっているそうです。

企業コンサルティングは、定期的に訪問している数社のほか、業務提携をして不定期に支援している会社が数多くあります。

軸足を研修講師に移す

大杉さんは、研修講師という仕事が本を書く上で非常に相性がいいと感じて、独立して2年目の途中から、軸足をコンサルタント業から研修講師に切り換えました。

「移行する時に収入はガクンと減ったのですが、研修講師が軌道に乗ると、収入が以前よりも安定して先まで読めるようになったので、切り換えて正解でした。現在は研修を優先してスケジュールに入れて、空いた時間をやりくりしてコンサルタントとして活動しています」

新人研修から幹部研修まで幅広く対応できるというのは希少な存在であり、重宝されています。そこが大杉さんの強みでもあります。

研修講師自体は、前職の時に社内で経験したことが生きています。

「会社に外部研修講師に依頼する予算がなかったので、自分がプログラムを作り講師として部下の指導にあたっていました」

これは、現在会社勤めされている人には大きなヒントになるでしょう。給料をもらいながら、社内研修講師としての経験を積むことで、定年後の起業に生きてくるのです。

「研修講師をやっている方でもそういう方は多いですよ。営業でバリバリやっていた方が、社内研修の講師を任されて、その当時は左遷されたと感じたそうなのですが、研修や人材育成は奥が深いのでマジメに取り組んでいたら、それがノウハウとして独立後の財産になったそうです」

研修講師として独立するには、企業で長年勤務したという経験が何よりの強みになると言います。

「若い頃から講師として活躍されている方は、専門の分野しかできませんが、私は大きな会社から小さな会社まで勤務した経験があるので、その分、経営戦略から基本的なビジネススキル、人材育成まで守備範囲が幅広いのだと思います」

定年起業では、40年近く会社勤めをした経験を強みに変えなければなりません。大杉さんの起業がまさにそれにあてはまると言えるでしょう。

「若い時から独立してしまうと、老後になった時に国民年金と稼ぎで食べていかなければなりません。会社員を長くやった後に、厚生年金と起業での収入を組み合わせるのがベストだと思います」

研修は受けた人たちの評価がすべてだそうです。評価がよければリピートが来るし、悪ければ次からは呼ばれないというシビアな世界です。

「常に考えているのは、目の前にいる研修受講者にどうすれば喜んでもらえるかということ。たとえ休憩時間であっても、受講者が質問に来たならば、それには必ず笑顔で対応しています。勇気を振り絞って質問しに来るわけですから、その場で答えてあげないと、受講者の満足度が下がります。私の場合はとくに、様々な悩みを持つ受講者に対して、それを解決するためのビジネス書を、その場で3冊、推薦書として提示できるのが特技です。目の前にいる人に全力投球しているんだという姿勢が伝わり、自然と高い評価を得られるようになりました」

大杉さんは、いくつかの研修マネジメント会社と提携しています。大企業を相手にした研修をやるとなると、個人では難しいからです。

以前はマネジメントを通さずに直接依頼があった仕事もやっていたのですが、そうなると、資料のコピーやら備品の用意やら、研修以前にやらなければならないことが多すぎるので、現在は原則として、マネジメント会社と提携して企業研修を行なっているそうです。

一人で起業する定年起業では、すべてをやれるわけではありません。自分がやれない部分を人に任せることを見極めるのも大切なことでしょう。

大杉さんは、現在、複数の研修マネジメント会社と提携しているのですが、本を出版しているということがアライアンスパートナーになるにあたって、大きなプラスになりました。

アライアンスパートナーは誰でもなれるわけではありません。これまでの会社員としての実績にプラスして本を書いたことが評価されたのです。

好きな「本」を媒介にしたサービスも提供

大杉さんは、独立してから4年近く経ち、念願の出版も実現して、年間1冊のペースで執筆しており、現在までにビジネス書を3冊上梓しています。

そこで得た経験から、出版した本を告知するための効果的なノウハウを蓄積し、同じように出版したばかりの人が本を売るためのサポートビジネスをしています。出版記念パーティーの開き方やインターネットを使っての告知方法などのコンサルティングです。

大杉さんは自分のブログを持っていますので、そこで本を紹介して、フェイスブックとツイッターで拡散して、アマゾンでレビューを書いて、出版記念パーティーやセミナーをプロデュースするというのが一連の流れになります。

他には定年後のキャリア相談も業務メニューの一つとして掲げています。

大杉さんが定年起業の相談を受ける中で危険だなと感じるのは、退職金をドンと投資しようとする人がいることです。

「フランチャイズビジネスを始めようという人に多いのですが、なけなしの退職金を投資するのはリスクが大きすぎるので、再考するように促しています」

定年起業では、極力お金を使わない、初期投資がかからない方法を勧めています。大杉さん自身も、初期投資は名刺を作成したことぐらいだそうです。

ブログやSNSの活用は定年起業には不可欠

定年起業は、最初は現役時代の知り合いを通じてビジネスをスタートさせますが、いつまでもそれだけではお客さんが枯渇してしまいます。そこから新規にお客さんを広げていかなければなりません。

大杉さんは情報発信ツールとして、ブログとフェイスブックとツイッターの活用は必須であると言いきっています。

「ブログというと、日記だと思われる方が多いのですが、そうではなく、専門家としての情報発信ツールだと考えてください。〈専門性があること〉、〈自分が好きだということ〉、〈社会的なニーズがあること〉――この3つが備わっていれば、自分だけのビジネスモデルをつくることができます」

いくら「研修講師やってます」と手を挙げても、お客さんになる人に見つけてもらわなければ話になりません。広告を打たずに、限りなく費用をかけずにお客さんにたどりついてもらうには、ブログ〜フェイスブック〜ツイッターを駆使した情報発信が必須になるのです。

「情報発信するならば、その情報の100倍のインプットが必要です。インプットが貧弱だとアウトプットも魅力あるものにはなりません」

最近はインスタグラムも活用しています。

「インスタグラムに投稿すると、フェイスブックとツイッターに同時投稿される仕組みがあるので、効率がいいし、インスタだけを見る人もカバーすることができます」

大杉さんは、書評を書く前日に「今この本を読んでいます」とインスタやツイッターに書影を載せて、翌日にブログに書評をアップしているそうです。毎日書評を書いているので、出版社から献本してもらって発売日に書評をアップするという早業も可能で、関係者から喜ばれているそうです。

「毎日、トータルで2〜3時間を読書に費やしています。本を読むのが好きなので、まったく苦にはなりません」

○奥さんの反対というハードルをどう乗り越えるのか

大杉さんは、奥さんを社長にして正解だったと言います。ご自身は営業と研修やコンサルの現場のパフォーマンスに特化して、請求や支払いなどのお金の管理を奥さんにすべて任せているそうです。

「自分が社長をやっていたら、とてもここまではできなかったでしょう。完全な共同事業になっています。独立に反対していた妻を事業の当事者にすることで、お互いに理解しあいながら仕事を進めることができています」

定年前に起業する際の最も高い壁は、実は奥さんかもしれません。奥さんに反対されて諦める人が非常に多いからです。当たり前ですが、奥さんは毎月の安定収入がなくなることを恐れます。しかし、最初から安定した収入が保証されている起業はありません。

「副業や兼業を認める会社が出てきたことで、世の中の風潮も少しは変わってくると思います。副業で実績を上げて収入が定期的に入るようになれば、起業に際して奥さんを説得するのも今よりは容易になるでしょう」

大手企業でも年功序列賃金が崩れてきていて、役員にでもならない限り、55歳ぐらいから満足できる給料はもらえなくなります。

しかも60歳になると半分以下になるので、会社員一筋というライフモデルは描きにくくなってきました。

「私は、60歳過ぎてからの再雇用は選択しない方がいいという考え方です。というのも、65歳過ぎてから新しく何か始めようというのは無理があるからです。条件が許すならば、50代後半にフリーになって稼ぐレールを敷いておいた方が、後々プラスになると思います。その準備は40代半ばから始めておくのがベストです」

大杉さんは独立前に、57歳で独立するのと60歳まで勤め上げるのでは受給する年金額にどのぐらいの違いがあるのか、年金事務所まで行って確認しました。ほとんど変わらなかったそうです。

「とはいえ、あまり早く独立すると年金額も減りますし、子どもにまだ手がかかっている可能性もあります。子どもの教育も一段落しているであろう、55歳から60歳の間の独立を一番お勧めしています」

基本は「ギブ、ギブ、アンドテイク」

周りに応援してくれる人がいなければ、起業はうまくいきません。そのためには、大杉さんは人を喜ばせる人になることが大事だと言います。

「たまたま自分が好きでやっていたビジネス書の書評ブログが、いろんな方に喜んでいただけたことが大きかったと思います。そこでつながった人が、何かの折に声をかけて下さったりとか、人を紹介してくれたりと、応援してくださいます」

大杉さんは、神保町のブックハウスカフェを応援していて、毎月一回、ボランティアでトークショーイベントを開催しています。

本好きが集まる場をプロデュースすることで、それに共感してくれる人たちとつながりを深めているのです。そこでは利益は発生しませんが、自分自身のブランディングに効果があるそうです。

「会社員であろうがフリーであろうが、ギブアンドテイクができない人は、人から応援してもらうことは難しいでしょう。しかもギブから始めることが大切です。先に相手に貢献できないと、一緒に仕事をする関係には発展していきません。人のために何ができるのか常に考えて行動に移すことが、回り回って自分に良い結果をもたらすということは、体験からも確信しています」

サードキャリアが人生の集大成

大杉さんはいつまで仕事を続けるのでしょうか。

「57歳までの会社員時代がファーストキャリアだとすると、独立した現在はセカンドキャリアになります。そして75歳前後にサードキャリアに転換します。そこでは執筆業一本に絞りたいと考えています。それも大好きなハワイに移住して。いずれにしても生涯現役で仕事を続けていきたいと思っています。私の使命は、〝ビジネス書の素晴らしさ〟を世の中のできる限り多くの人々に伝えていくこと。そのためにこれからも毎日、情報発信を継続していきます。サードキャリアが最後にして最高のステージなので、そこに行き着くことが目標です」

ファーストキャリアはセカンドキャリアのためにあり、セカンドキャリアはサードキャリアの準備期間だとも言えます。人生の最後の期間を意識して、そこへの準備を怠らないことが大切だと語ってくれました。

おわりに

本書を最後までお読みいただき、ありがとうございます。

ここでもう一度、定年起業の定義と成功のポイントをおさらいしておきましょう。

定年起業とは、

○人生100年時代を充実して過ごすための選択肢の一つであり、
○自分の経験や知識をお金に換える行為です。
○初期費用はゼロで、固定費（家賃や人件費）もかけません。
○貯金や退職金がなくても定年起業は始められます。
○一人でもお客さんがいればビジネスはスタートできます。

定年起業の成功のポイントは、

○会社に勤めながら副業からスタートします。
○お金はかけずに手間（時間）をかけます。
○法人化は考えずに、社会インフラや通信インフラを上手に利用します。
○結果を早く求めないで、本気でマメにやるのがコツです。
○コミュニケーションに時間とコストをかけて、情報発信は無料にして、出し惜しみしません。
○お客さんには自分ができることをフォーカスして示します。
○友人でも親戚でもいいので、とにかく一人目のお客さんを確保するのが大切です。

そしてなにより、万が一失敗したときに、失うものを少なくしておくのが鉄則です。

本当の人生は、会社を定年になって自分だけのビジネスを立ち上げたところからスタートします。

最後になりましたが、定年起業の先輩として貴重な体験を語っていただきました大杉潤さんに感謝いたします。著者の集うコミュニティで出会ったのがきっかけでした。

皆さんのセカンドステージが、実りあるものになることをお祈りして筆を擱きます。

田口智隆

田口智隆《たぐち　ともたか》

株式会社ファイナンシャルインディペンデンス　代表取締役

28歳のときに自己破産寸前まで膨らんだ借金を徹底した節約と資産運用によりわずか2年で完済。その後は「収入の複線化」「コア・サテライト投資」で資産を拡大。34歳のときにお金に不自由しない状態「お金のストレスフリー」を実現し、2007年に株式会社ファイナンシャルインディペンデンスを設立する。

「金融機関の代理人ではなく、お客様の代理人」を基本理念に特定の金融機関に属さないからこそできる、公正で中立な「お金」の「セカンドオピニオンサービス」を行う。保険料の削減、積立投資による資産運用、収入の複線化など「お金」にまつわるお悩み相談・マネーカウンセリング受診者は現在までに1,000人を超える。

2009年には、実体験に基づくノウハウをまとめた処女作『28歳貯金ゼロから考えるお金のこと』を出版、5万部を超えるベストセラーとなり一躍注目を集め、その年から日本各地でスタートした「学校では教えてくれないお金の授業」の講演回数はこれまでに1000回以上となり、受講者は述べ50,000人を超える。

おもな著作に『お金の不安が消えるノート』（フォレスト出版）『入社1年目のお金の教科書』（きずな出版）『なぜかお金が貯まる人がやっていること』（廣済堂新書）『お金が貯まらない人の悪い習慣39』（PHP文庫）など41冊を刊行累計80万部を超えるお金本のベストセラー作家。

●著者への講演・執筆依頼
taguchi.tomotaka@gmail.com

●田口智隆の公式LINE「経済的自由人への道」

初期費用ゼロで始める
定年プチ起業

2019年9月10日　第一刷発行

著　者　　田口智隆
発行人　　出口 汪
発行所　　株式会社 水王舍
〒160-0023
東京都新宿区西新宿6-15-1 ラ・トゥール新宿511
電話　03-5909-8920

本文印刷　信毎書籍印刷
カバー印刷　歩プロセス
製　本　ナショナル製本
装　丁　福田和雄（FUKUDA DESIGN）
イラスト　花くまゆうさく

編集協力　土田修
編集統括　瀬戸起彦（水王舍）

ISBN 978-4-86470-124-2 C0095

定価（本体1300円＋税）ISBN978-4-86470-027-6